在游戏中成长

100个早教游戏

[法]伊芙·赫尔曼/著

朱朝旭/译

二十一世纪出版社集团

目录

🌸 引言
🌸 阅读指南

生活实践

- *01* 亲子协作
- *02* "适小"改造
- *03* 穿鞋穿衣
- *04* 整理衣物
- *05* 明天穿什么
- *06* 扣纽扣
- *07* 洗手
- *08* 刷牙
- *09* 擦皮鞋
- *10* 学习如厕
- *11* 强化记忆
- *12* 擦玻璃
- *13* 使用海绵
- *14* 擦桌子
- *15* 掸灰尘
- *16* 袜子配对
- *17* 摆放餐具
- *18* 照料植物
- *19* 插花
- *20* 洗袜子
- *21* 晾衣物
- *22* 动作发展的三个阶段
- *23* 次序感

- 24 布置厨房
- 25 动作精准练习
- 26 吃零食的规矩
- 27 学倒水
- 28 切果蔬
- 29 涂果酱
- 30 清洗餐具
- 31 带孩子下厨
- 32 做面包
- 33 练习倒豆子
- 34 用海绵吸水和挤水
- 35 捞"小鱼"

感官激活

- 36 挑拣与分类
- 37 玩扣子
- 38 识别颜色
- 39 颜色小猎手
- 40 辨识物品
- 41 彩色圆圈
- 42 触觉百宝囊
- 43 香包
- 44 练习触摸
- 45 光脚走路
- 46 玩气球
- 47 听觉游戏
- 48 嗅觉游戏

手眼配合

- 49 训练专注力
- 50 巧用存钱罐
- 51 穿珠游戏（1）
- 52 穿珠游戏（2）
- 53 俄罗斯套娃
- 54 各就各位

55 开合盒盖
56 拧螺帽
57 插游戏棒
58 玩锁具
59 练夹功
60 打孔
61 拼图
62 挑选玩具
63 远离电视

提高语言能力

64 准确用词
65 挑选图书
66 多样性语言
67 名称与实物
68 生活模仿秀
69 图片与实物
70 动物家族
71 学习词汇
72 分类识物卡
73 听音猜词
74 静默游戏
75 沙盘练"字"

创意活动

76 尊重孩子的创造力
77 共同创作
78 色彩搭配
79 什么是对称
80 学用剪刀
81 粘贴画
82 穿绳
83 玩泥巴

动作协调

- 84 提重物
- 85 搬家具
- 86 端托盘
- 87 攀爬
- 88 画纸人
- 89 找位置
- 90 认识自己的身体
- 91 学跳舞

拥抱大自然

- 92 热爱自然
- 93 播种
- 94 阳台一隅
- 95 会变"脸"的天
- 96 小小观察台
- 97 外出学步
- 98 户外劳动
- 99 地为纸，水当墨
- 100 我们的动物朋友

❀ 作者简介
❀ 结束语

写给丽芙和艾米,我的两颗小星星。
没有你们,就没有这本书。

——伊芙·赫尔曼

引言

我儿时所接受的以人为本的教育和因之形成的人格,使我从蒙式教学法中受益匪浅。此后,轮到我向我的孩子们传授尊重、倾听、自信和求知等基本理念。蒙台梭利本人就是最好的答案。

玛丽亚·蒙台梭利全面考察人的成长过程,正如今天我们所知道的,0—3岁这一阶段将奠定整个人生的基础。蒙台梭利著述中有关这方面的内容尚未被深入认识,却最能引起我的共鸣。我迫切地希望与他人分享我的体会,所以创建了个人博客,与同样感兴趣的读者共同探讨。本书的问世也算是瓜熟蒂落,为人们了解和探索蒙式教学法提供又一方式。这个教学法不仅非常成功,而且富有内涵,还产生了很深远的影响,为孩子们和他们的父母提供了充盈的思想源泉。

正是通过对孩子的观察,玛丽亚·蒙台梭利明白了应该如何帮助他成长以及如何选择合适并称职的幼教助理。

孩子需要我们帮助他学会独立做事, 并且尊重他的行为节奏。为此,蒙式教学法给出了答案,强调以儿童为中心,却又不把他变成"小皇帝"。

这意味着要重新定位父母的角色:他将是孩子的陪伴者和教育者,而不能把孩子当成一块任意拿捏的橡皮泥。相反,孩子从出生起就具有巨大潜质,他精力充沛,创造力强,只是需要机会展现罢了。如果环境适宜,他会以自然、快乐的方式自学成才。当然,父母和教育者的角色不可或缺,因为我们不能放任孩子随意发展。

玛丽亚·蒙台梭利基于对孩子及其需求的深入了解和长期观察,创立了她的教学法,其中的重要理念引导我们理解游戏活动究竟会给孩子们带来多么大的好处。

6岁之前,孩子表现出对周围事物极

强的吸收能力。"**吸收性心智**"使他能够适应环境，毫不费力地获取知识。

此外，玛丽亚·蒙台梭利提出儿童**敏感期**的概念，即儿童在某个发育阶段全神贯注地学习某些特定技能，而一旦错过敏感期，再要获得这些技能就变得愈加困难。

在敏感期，孩子专注做事的能力极强：他完全沉浸在自己正在做的事情中，对周围其他事物视而不见，这样高强度的专注促使他不断成长。当他回到常态时，人会变得平静、充实和阳光。

因此，我们从孩子出生之日起就要营造和维护这些难得的机会。蒙台梭利还注意到，孩子的成长离不开动手能力。**手是智慧的工具。**

蒙式教学法至今依然生机勃勃，因为它承载着永恒的精神。蒙台梭利为人的发展而努力，她致力于培养一个自立、有担当和适应未来世界的人。

游戏的目的在于满足孩子的活动需要,让他自己动手,在活动中学习。通过游戏和您的热心参与,孩子能够获得独立自主的能力和自信,体会到自己的成长和他人对自己的支持与尊重。

阅读指南

本书推荐的亲子游戏是受蒙式教学法的启示而设计完成的,体现了其主要的教育理念。

我们没有明确游戏的年龄要求,因为每个孩子都有自己的活动节奏,他只要在合适的时间学习即可。

经过对孩子的观察,我们可以知道哪些游戏符合他的需要以及他的能力如何。实际上,不是我们在引导他,而是他在引导我们。

您可以先翻阅一遍全书,大致了解内容之后,方能更有针对性地挑选适合孩子的游戏。然而,最重要的还是您的态度、情绪、观察力以及关爱的目光,它们传递着对孩子的爱和尊重。

这才是每个游戏、每项活动必不可少的要素。

孩子在12—15个月大时，模仿的意愿变得强烈。他们会想要模仿我们的行为举止，变成大人样。

这时，我们应该正视他的旺盛精力，顺应他的意愿，为他创造在我们身边玩耍的机会，让他学会"自娱自乐"。

生活实践

15个月大的孩子已经准备好,而且有能力模仿成人的行为举止。他跟在我们身边,总想参与做些家务。

这个时期,单纯的娱乐性游戏对孩子的吸引力不大,他需要通过做事情来锻炼自己的双手。为此,我们可以给他安排一件简单易做的事情,让他没有压力感地练习、试错、重复。

生活实践使孩子的心理、情感和身体都得到历练,使他学会独立做事、专注用心、控制肌肉和对事物进行分析。当孩子认为自己有能力照顾自己时,您一定要给他机会,让他自己梳头、刷牙、洗脸、穿衣等。在此之前,应对室内布置做适当调整。

懂得自我照顾的孩子,其心态很平和,因为他无须通过与父母抗争来表达自己想独立做事的愿望。

01 亲子协作

培养孩子的自主能力要从日常生活小事做起。我们经常担心:"孩子太小,如果我们少做一件事,他自己能应付吗?"

照顾孩子,我们太习惯大包大揽、事无巨细,替他完成所有事情,给他盥洗、穿衣、穿鞋、喂饭,丝毫不考虑他的感受。如此一来,虽然做事效率很高,但对孩子的成长却没有任何益处。他身体在长高,心里却一直想着:"我需要爸爸妈妈。"如此看来,他的生理和心理没有同步成长,还一直在贪恋我们温暖的怀抱。

其实,我们的目的应该是让孩子相信自己

有能力照顾自己,甚至还能帮助大人做些力所能及的事,当个小助手。

不要以孩子需要帮助为借口,否定他自主做事的意愿和能力。正因为他还小,行为能力尚不健全,所以才应该尽早参加各种活动,在实践中获取生活经历,与我们分享做事的快乐。这才是孩子的成长之道。

02 "适小"改造

孩子的实际能力常常被大人低估。只有放手让他做，才能知道他是否真的有能力做。

放手不等于放任，而是要根据孩子的行为能力，对房间及其设施进行必要改造，给他创造自由行动和独立做事的条件。

改造前，我们要观察孩子的日常活动，判断究竟改善哪些条件最符合他的需要，最便于他自己做事，然后把拟改动的地方一一记录下来，逐项落实。

比如，为方便孩子自己洗手、洗脸，我们可在卫生间安放一个垫脚凳，再安装一个适合他身高的挂钩，挂上一块毛巾或者海绵等；为方便他吃饭、游戏，我们还可购置一套儿童桌椅等。

重新布置房间，对我们来说是区区一件小事，可对孩子来说，则意味着安全和便利。

"我要自己洗手，我能自己洗手。"孩子决定做某件事，就一定要付诸行动。他在顺利完成洗手时，成就感会油然而生，这预示着他长大了，将成为有能力、有担当的人。

孩子知道父母信任他，会给他提供诸多帮助，为他有安全感地成长打下坚实基础。

温馨提示：

孩子习惯按部就班的生活，大的变动会让他感到不适。所以任何改变都要平缓、有序，让新的东西慢慢融入生活。

03 穿鞋穿衣

孩子一出生，我们就要经常给他描述日常生活场景，告诉他我们在做什么、要做什么，让他对正在发生和即将发生的事情有心理准备。

材料准备：

一张结实的小板凳、一个衣物柜、一双鞋和几件衣服。

游戏过程：

场景一 让孩子坐在小凳子上，您拿起一只鞋，对他说："现在给宝宝穿鞋喽！先把鞋口撑开，宝宝的小脚伸进来，最后提一提。鞋

子穿好了!"您耐心地给孩子讲解穿鞋步骤,经过一段时间,他便习惯成自然,穿鞋时不用提醒,自己会主动把脚套进鞋里。

场景二 给孩子穿衣服时,可以说:"宝宝穿衣服喽!把头伸进领口,胳膊套到袖子里。穿好了!"

通常,孩子会先学脱衣服,再学穿衣服,因为脱比穿要容易得多。如果我们一直用同样的方法给孩子穿衣服,他肯定能记住动作要领。

温馨提示:

经常给孩子描述动作,让他熟悉做事的步骤。准备的衣物要与孩子的穿着能力相适应,比如带松紧的阔腿裤、无扣套头衫、魔术贴鞋等,都是不错的选择。

04 整理衣物

我们不仅要鼓励孩子"自己的事情自己做",还要鼓励他"自己的物品自己管"。衣物是孩子最早拥有的个人物品,管好它们会使孩子的生活变得有条理。

材料准备:

孩子的个人衣物。

游戏过程:

场景一 把孩子的衣物放到床上或者其他方便拿取的地方。

场景二 和孩子一起,按照穿戴顺序将衣

物分类，叠好或挂好后放入衣柜，比如上面放内衣、内裤，下面放（挂）长裤、衬衫、外套。

场景三 把围巾、帽子挂到柜子里的挂钩上，袜子、手套放到抽屉里。

温馨提示：

（1）整理和摆放衣物要符合家庭习惯。

（2）如果孩子太小，不能自主选择，切忌在衣柜里放太多衣物。您不妨拿出两件衣物，让他二选一。

（3）参照孩子的身高安装衣柜挂钩或者挂杆，让他方便拿取。

明天穿什么

外出穿衣是日常必做的事情。我们都要自问:"明天穿什么呢?"当然也要替孩子考虑。

在我们的帮助下,孩子能慢慢学会根据季节和天气变化挑选自己要穿的衣物,同时还知道了不同衣物的名称,做事也变得有条理了。

材料准备:

一把椅子、孩子平时穿的衣物。

游戏过程:

(1)洗澡后,让他准备第二天要穿的衣物。

（2）把选好的衣物按顺序摆放在准备好的椅子上，比如衬衫、外套放在椅背上，裤子（裙子）放在椅座上，鞋子放在椅子下面。

（3）为了加深孩子的记忆，询问他："裤子（裙子）放在哪儿了？鞋子呢？"

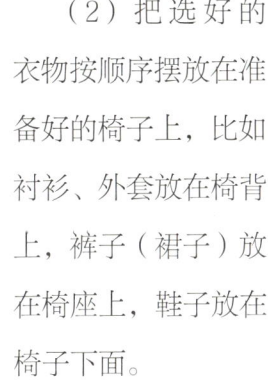

温馨提示：

一般来说，孩子4岁时便能养成独立做一些事的习惯。我们可以连续几天指导他如何准备衣物。

扣纽扣

孩子们对衣服上的任何小东西都很感兴趣，比如纽扣、魔术贴、拉链等，并把它们当成玩具，而学穿衣服又必须学会摆弄这些小东西。

材料准备：

一个"穿衣框"，几件带纽扣、魔术贴和拉链的衣服。

游戏过程：

场景一 把衣服平摊在床上，给孩子示范如何拉拉链、扣纽扣、拉魔术贴，接着让他照样做，直到掌握动作要领。

场景二 将衣服套在"穿衣框"上撑开，然后挂起来，这样可增加动作难度。让孩子自己练习，即便一时扣不上扣子、拉不上拉链，您也不要责怪他。请相信，经过几次反复练习，他一定能成功。

温馨提示：

可用粗铁丝或者木条自制"穿衣框"。

07 洗手

勤洗手是良好的卫生习惯,要让孩子尽早养成。

洗手有不少讲究,绝不是把手弄湿,然后擦干了事。我们要耐心指导和督促孩子练习洗手。

材料准备:

一块肥皂或者一瓶洗手液、一条毛巾。

游戏过程:

(1)将双手打湿,把肥皂或洗手液均匀涂抹在手心。

（2）依次把肥皂或洗手液涂到指甲、指头、指缝、手背和手腕。

（3）稍后用清水把手上的泡沫冲洗干净。

（4）用毛巾擦干双手。

给孩子做示范时可以唱《洗手歌》，帮助他加深记忆。

洗手歌

手心搓手背，五指交叉抱；

还有小手腕，一起洗干净。

温馨提示：

（1）告诉孩子饭前、饭后、厕前、厕后、外出回家后要洗手。

（2）用孩子听得懂的语言说明洗手的好处，如"洗完手，脏脏就没了，不然小虫钻到嘴里，我们的肚子就会痛"等。

刷牙

刷牙是每个人每天都要做的事情,其重要性不言而喻。养成良好的刷牙习惯可以有效地保护牙齿健康,使我们终身受益。这也是为什么不少家长从孩子很小的时候就开始教他刷牙,传授护牙知识。

材料准备:

一套儿童牙具、一件小围裙、一面镜子、一个沙漏或者其他计时器。

游戏过程:

(1)给孩子套上围裙,让他拿着牙刷,您

给他挤上牙膏。

（2）轻轻握住他的手，把牙刷放到他的嘴里，指导他上下、左右一下一下刷。

（3）让他按照您的示范自己刷，直到掌握动作要领。

（4）用沙漏计时。刷完牙后用清水漱口。

（5）冲洗牙刷、水杯，然后放回原处。

温馨提示：

（1）把牙具放到孩子方便拿取的地方。

（2）如果卫生间的盥洗池较高，要安放一个垫脚凳供孩子使用。

09 擦皮鞋

孩子学会自己打理衣物了,并且会因为我们的信任而感到高兴。

我们可以传授他一项新技能——擦皮鞋。

材料准备:

一双皮鞋、一张报纸、一把鞋刷、一块干布、一盒无色鞋油。

游戏过程:

(1)让孩子一只手抓住鞋帮,另一只手拿刷子,刷掉鞋表面的脏东西。

（2）在干布上挤点鞋油，均匀地涂抹在鞋表面，然后放到旁边地上的报纸上晾干。

（3）以同样的方式擦另一只鞋。

（4）鞋晾干后，再用干布将鞋面擦一遍进行抛光。

一双鞋就这样擦完了，多亮呀！也许孩子还未尽兴，想擦更多的鞋，您可以满足他，巩固学习成果。

温馨提示：

为了避免鞋油弄脏衣服，可以给孩子套一件围裙或一件旧衣服。

10 学习如厕

学习如厕是孩子成长中的一个关键环节，父母要特别关注，还要为孩子营造适宜的环境。

从启蒙教育的角度，学习如厕是孩子和父母之间的第一次重大合作。一旦孩子能够站起来，他的活动能力得到增强，更容易配合我们给他换尿布时，他就向我们传达了一个积极信号，即他做好了学习如厕的准备。

材料准备：

一个坐便器。

游戏过程:

(1)在卫生间的角落放置一个坐便器。

(2)要求孩子定时蹲坐便器并养成习惯,即饭前、午睡前、晚上睡觉前以及外出前。

(3)在规定时间,我们督促他蹲坐便器。这样,他会把自己想如厕的感觉与蹲坐便器联系起来,不久便会主动要求我们给他去掉尿布或者让他去蹲坐便器。

(4)孩子学习如厕期间,我们应该陪伴他,直到他完全自主如厕。

温馨提示:

(1)学习如厕的敏感期是孩子的12—18月龄。如果错过,再让他学会变得愈发困难。

(2)学习如厕需要连续数日,甚至更长时间,具体视孩子的学习能力。其间,让他在白天控制住尿便,主动去蹲坐便器。

(3)一定要在睡前让他蹲一蹲坐便器。

强化记忆

孩子慢慢长大，可以学着做越来越多的事情。但他们忘性大，或是因为注意力不够集中，或是因为任性而拒绝认真做。这时，我们要耐心陪伴，用心引导。

我们可以采取一些"小手段"提醒他，比如借助一些有趣的图片。

材料准备：

一些标识性卡通图片或者给孩子拍的一些情景照片，如他刷牙、洗脸以及衣物的照片。

游戏过程：

场景一 将图片贴在卫生间显眼处，每天晚上睡前和早上起床后，提醒他上厕所、刷牙、洗脸。

场景二 将衣物的分类图片贴在衣柜相应位置，提醒孩子要将衣物分类放，以便拿取。

场景三 将外出活动的图片贴在挂历上，提醒他今天要去超市，明天要去公园玩……

孩子会很乐意按照图片上的提示做事，从此不再需要我们跟在他屁股后面催促了。

温馨提示：

我们是孩子的榜样。让孩子做的事情，我们首先要做到。

擦玻璃

擦玻璃是孩子乐意做的事。这项活动要求舒展手臂,再带动全身运动。

材料准备:

一扇适合孩子身高的玻璃窗、一只小喷壶和几块抹布。

游戏过程:

(1)让孩子将适量的水均匀地喷到玻璃上,然后观察水的状态,看看是停留在玻璃上还是往下流。

(2)用干抹布从左向右或者反方向擦掉水

渍、水纹。

（3）抹布湿了，另换一块继续擦，直到擦完整块玻璃。

看着透亮的玻璃窗，孩子甭提多高兴了！

温馨提示：

（1）孩子初学擦玻璃，可能擦不干净，我们要耐心指导、示范，帮助他查找原因。是不够用力或者没有按顺序擦，还是喷水太少？

（2）擦玻璃既费时又费力，可让孩子隔段时间休息一下，保持他的热情。

13 使用海绵

孩子用水时常常发生意外,把水洒到地上或者桌子上。我们可以在旁边放一块海绵,告诉他海绵可以吸干洒出的水。他会觉得很有趣,并试着按照我们的要求做。

材料准备:

一个水盆、一块海绵和一块抹布。

游戏过程:

场景一 在桌子上洒点水,让孩子用海绵把水吸干,再挤到水盆里,接着用抹布擦干净桌面。然后一起观察海绵的吸水和存水功能。

场景二 教孩子用海绵擦洗碗、盘子等餐具,这对他来说就像玩水。引导他看看海绵一次能吸多少水。

温馨提示:

　　海绵用完后要清洗干净,避免滋生细菌。不要强迫孩子擦洗任何东西。当感受不到压力时,他才会愉快地做事情。

14 擦桌子

擦桌子需要孩子调动全身力量,既有大幅度动作,也有精细动作。它能帮助孩子练习有秩序地做事情,养成良好的生活和卫生习惯。

材料准备:

一只小壶、一个水盆、一块抹布。

游戏过程:

(1)让孩子用小壶将水倒入水盆中,再把抹布放入水盆中浸湿。

(2)给孩子做示范,用抹布依次擦桌面、桌沿、桌角……让他照样子做一遍。几次尝试

后，孩子很快就能掌握擦桌子的动作要领。

温馨提示：

也许您觉得擦桌子不必这么费事。其实，孩子和我们想得不一样，他们把所有家务劳动当成游戏，把所有用具当成玩具。他们做家务的目的是模仿大人的举动，满足自己的好奇心，顺带提高动手能力，仅此而已。

掸灰尘

我们在打扫房间、整理东西或者用吸尘器时,孩子总喜欢跟在后面拿着掸子掸灰尘。在他的眼里,做家务不是苦差事,而是充满乐趣的游戏。尤其我们的动作越精细,他就越感兴趣,越想模仿。

材料准备:

一把掸子。

游戏过程:

(1)告诉孩子,时间长了,家具表面会覆盖一层灰尘。为了维护室内的清洁,要定期用掸子掸去灰尘，这对大家的身体健康都有好处。

（2）让孩子靠近家具，注意观察表面的灰尘，比如用手指在家具表面滑动，灰尘就会沾在手指上。

（3）教孩子用掸子轻轻掸去家具表面的灰尘，不要用力过猛，避免碰掉摆放的东西。

（4）再次让孩子用手指在家具表面滑动，他会发现上面的灰尘没了。

温馨提示：

（1）打扫时，提前把家具上易损的物品拿走，尽量减少摆放。

（2）用完掸子要及时清洗干净。

袜子配对

随着孩子长大,他对探索外部世界的愿望愈发强烈。我们不妨尝试将这种愿望与整理物品的活动相结合,让他了解每样物品的位置和作用。

比如,袜子配对游戏就能激发孩子对物品顺序和分类的兴趣。所有孩子都偏爱整理自己的东西,并且相信"每样东西都有自己的位置"。

材料准备:

一个筐子、若干双不同颜色的袜子。

游戏过程：

（1）从抽屉里把袜子拿出来。告诉孩子，袜子是成双成对的，然后将不同颜色的袜子混在一起。

（2）让他挑出同样颜色的袜子来配对，看看最后有多少双袜子。

（3）将所有袜子按颜色配对后放回抽屉。

温馨提示：

没有大人的帮助，3岁前的孩子完成这类配对工作并不容易，他们或对颜色把握不准，或不太明白配对的含义。但是，经过练习，他们最终能轻松自如地分拣。

摆放餐具

2岁的孩子正处于次序认知敏感期,对整理和挑拣东西特别感兴趣。为此,我们可以设计一些简单有趣的活动,使他们顺利度过这个时期,获得认知方面的进步。

材料准备:

几套餐具(勺子、筷子、碗、杯子、盘子等)。

游戏过程:

(1)让孩子仔细观察各种餐具在橱柜里的摆放位置和方向。

(2)将橱柜中的餐具拿出来,放在桌子上。

（3）让孩子将餐具一一放回橱柜，按顺序摆回原处。

开始时，孩子可能容易搞错。稍后，他会发现自己的错误并主动纠正，而且做得越来越准确。

温馨提示：

（1）不要轻易打断孩子的工作，否则等于给他泼冷水，令他产生挫败感。他在专注做事时，不希望分心。

（2）要陪伴孩子摆放餐具，以防发生意外。

18 照料植物

在孩子小的时候，就要教育他们关心、爱护其他形态的生物，因为它们和我们生活在同一个星球，和我们相互依赖和共存。可以从照料身边的植物做起。

材料准备：

一盆生命力强的植物（如吊兰、龟背竹等）、一只水壶、一块海绵、一个喷雾器、一块绒毛布。

游戏过程：

（1）将植物放在阳台或者窗台向阳处，告诉孩子植物的名称。

（2）教孩子定时用水壶给植物浇水，用海绵擦干流到地上或窗台上的水。

（3）经常给叶子喷水，还可用绒毛布给叶片擦灰。

（4）定期清理植物上干枯的叶子或者花。

在您的指导下，孩子会慢慢掌握植物养护的基本知识，并且越来越喜爱它们。

温馨提示：

大多数家养植物喜阳，但忌暴晒。浇水不宜过量、过频。

19 插花

孩子很愿意和我们一起美化环境。这项活动有助于培养孩子的创造力和观察力,让他在动手的同时,锻炼动作的精准性。

材料准备:

三只小花瓶、一些修剪好的花枝、一个水壶、一只漏斗、一块海绵和三块小布垫。

游戏过程:

(1)孩子处在语言敏感期,需要花些时间告诉他以上物品的名称和用途。

(2)用漏斗往第一只花瓶中倒水,然后挑

选一枝花，把它轻轻插入瓶中，随即插第二、第三枝花……

（3）把另外两只花瓶也倒满水，插上花。

（4）把花瓶放在合适的地方，别忘了垫上小布垫。

看着自己动手搭配好的花束美丽地绽放，孩子怎能不自豪？

温馨提示：

处于语言敏感期的孩子对物品的名称尤其感兴趣，喜欢打破砂锅问到底。这时，我们要耐心地解释说明。

20 洗袜子

袜子是我们每天都需要换洗的衣物。我们可以从清洗衣物开始培养孩子的劳动意识，至少先学会洗自己的袜子。

材料准备：

一双待洗的袜子、两个盆、一块肥皂、一把刷子、一件围裙。

游戏过程：

（1）将第一个盆盛好水，让孩子把自己的一双待洗袜子放进去浸湿。

（2）逐一把袜子从盆中拿出来平放到水池

沿上,打上肥皂,用刷子刷,而后放入第二个盆;倒掉第一个盆里的水,把盆放在旁边盛放洗完的袜子。

(3)将第二个盆也盛满水,用手慢慢搅动水中的袜子。

(4)从盆中拿出袜子拧干,再放入第一个盆。

孩子能从劳动中获得极大的乐趣,觉得自己是个有用的人。

温馨提示:

为了让衣物洗得更干净,可过两次水。如果孩子愿意,可随时清洗自己的其他小衣物,不要阻止他。

晾衣物

孩子只有在真实场景中实际模仿我们的行为举止和做相应练习,才能提高动作的精准度。

准备材料:

几个小衣夹、一根晾衣绳、一些衣物。

游戏过程:

(1)在花园或者阳台拉一根绳子,与孩子胸部同高,松紧适度。

(2)把要晾的衣物,如短裤、吸汗巾、上衣、袜子等,放到盆里,然后拿到绳子下面。

(3)我们做示范,把衣物展开,挂在绳子

上，然后一只手扶住衣物，另一只手的拇指和食指用力捏住夹子并夹到衣物上。让孩子照样做几遍。

（4）收衣物与晾衣物的步骤相反，即先摘下夹子，接着把衣物一件件放到盆里。

晾完衣服，孩子会觉得自己完成了一项重要任务。

温馨提示：

这项活动可以在清洗衣物后进行。开始学习时，我们可以给孩子准备一本薄些的书，让他练习把夹子夹在书的边缘，直到孩子掌握动作要领。

动作发展的三个阶段

孩子需要先观察我们的动作，然后模仿。大多数情况下，我们的动作太快，并同时完成多个动作，这会让初学的孩子觉得不知所措。

为便于孩子模仿，我们应该放慢动作，确保准确，将动作分解，始终以同样的方式和顺序完成动作。另外，还要尽量顺应孩子的动作节奏，与其保持同步。

幼儿动作发展的三个阶段：

简单动作阶段

幼儿的标志性动作包括撕薄纸、揉捏橡皮

泥、推小车、拾树叶和树枝等。

较精准动作阶段

幼儿的标志性动作包括拧瓶盖、剥鸡蛋壳、穿珠子、剪纸、往杯子里倒水等。

精准动作阶段

幼儿的标志性动作包括写数字、双手配合剪圆形图案、用筷子夹东西、拉拉链、扣扣子、系鞋带等。

温馨提示：

根据孩子动作发展的不同阶段，设计相应游戏，使动作练习相互衔接，也更系统化。

23 次序感

玛丽亚·蒙台梭利确信，孩子的成长需要有次序意识。

的确，我们在观察小孩游戏时，会注意到他对次序非常敏感，比如，他会将积木按颜色分类、把玩具车排列起来。如果给他穿爸爸的羊毛衫或者改变故事中的某个词，他通常会表现得很抵触，总想按照自己的逻辑恢复原来的次序，尽管他未必做得到。

要满足他的需求，我们应该关注他所处的环境，还要尽量使日常活动有条有理。为此，我们需要：

（1）提供一个干净、舒适的环境；

（2）为孩子挑选合适物品，准备几个儿童专属柜子，将每件物品有序摆放；

（3）制订日常活动表，按照时间要求做；

（4）以同样的方式、顺序说话办事，动作和用词要准确。

温馨提示：

2岁前，孩子已经形成次序概念，而且会在之后不断强化。他正是通过观察周围环境，不断积累知识，有意识地给事物排序定位来形成次序概念的。

24 布置厨房

厨房是孩子感官的天堂，他可以摸，可以尝，可以闻，还可以动手，无所不能。在这里，他能做的事情太多了。所以，布置好厨房很有必要。

孩子喜欢模仿我们做饭，也愿意自己做，但离不开我们的指导和陪伴。对他来说，在厨房帮忙是一件多么兴奋的事呀！

厨房是放置孩子劳动工具的好地方。如果空间够大，还可以摆放一张小桌子，方便孩子帮厨或者吃饭。要是空间不够，那就准备一个宽踏板，放在台板前。

将所有餐具和一些小零食放到壁柜里或者架子上,高度与孩子身高相当。还可以把他帮厨的用具放到壁柜里面,一些平时画画的材料也可以放在里面,便于清洗。另一个壁柜收纳孩子做家务时的用具,如抹布、海绵、盆、刷子、喷雾器等。

最后,要保证去水池和垃圾桶的过道通畅,便于孩子独自来往。

25 动作精准练习

参加家务活动有利于提高孩子动作的精准度和协调性,同时还能增强他的社交能力。孩子对餐具情有独钟,不仅吃饭离不开它们,餐具各异的形状也对他有足够的吸引力。

材料准备:

一张餐桌、一块小桌布、一支彩笔、一套餐具。

游戏过程:

(1)把桌布平铺在桌子上。

(2)教孩子用彩笔在桌布上画出自己所使

用的餐具的轮廓，如盘子、勺子、筷子和杯子等的轮廓。

（3）叫孩子按照画出的轮廓到橱柜中找出相应餐具，并摆到桌子上合适的位置。

温馨提示：

（1）橱柜的高度应与孩子的身高相当，里面放桌布和他的餐具。

（2）动作熟练后，孩子肯定想摆放哥哥、姐姐或者父母的餐具。这时，我们要鼓励他。

26 吃零食的规矩

几乎所有孩子都喜欢吃零食，不过吃多了不仅会影响正常吃饭，甚至会损害身体健康。如何才能让他们适时适量地吃零食呢？

我们需要和孩子约定吃零食的规矩，比如每天吃多少，什么时候吃，等等，还需要求他必须事先征得父母同意方可取食。如果他违反了约定的规矩，就要接受小小的惩罚，比如减少零食的数量或者暂停吃一次。和孩子一起商量吃零食的规矩，务必得到他的同意，因为只有他认可，规矩才能有效执行。

可以在厨房的架子上给孩子专门留出一块

地方存放零食或者小吃，方便他拿取，如一盒坚果、几个新鲜水果、一包饼干、一包薯片、一包糖果等，外加一把儿童水果刀、一块小砧板等。

孩子可以选择自己喜欢吃的零食，然后拿到小桌旁独自享用。

温馨提示：

（1）让孩子参与制定吃零食的规矩，既是成人对他的尊重，也是提高他的责任意识和自控力的好机会。

（2）切勿因孩子哭闹、耍赖而放弃执行已经定好的规矩。

学倒水

孩子习惯独立吃饭后,很快就会要求自己拿杯子倒水喝,这无疑是一个进步。他会慢慢学会自己吃饭喝水的全部技能,不再需要大人帮助。

材料准备:

一个小杯子、一小瓶水、一块吸水毛巾。

游戏过程:

(1)把杯子和水瓶放在桌子上。先给孩子示范倒水,让他观察倒水的动作和结果。

(2)指导他拿着瓶子往杯子里倒水,然后

用毛巾把不小心洒到桌面上的水擦干净。

（3）鼓励他继续练习，直到熟练掌握所有动作要领。

孩子会从倒水中感受到极大的乐趣，他又学会了一项新的技能！

温馨提示：

1岁后，孩子开始要求自己做事了，而且什么都想试。这时，我们应该耐心引导，鼓励他尝试。同时，要注意安全，切忌放任。

切果蔬

孩子能做不少事情，而且远比我们预料的要早。比如，给他合适的工具，他很快就能学会切水果和蔬菜。

材料准备：

一把玩具切菜器、一把玩具刀、一个削皮器、一块砧板、若干水果和蔬菜。

游戏过程：

场景一 学习使用切菜器。让孩子双手拿住切菜器，刀口朝下放在要切的水果和蔬菜上，然后双手向下使劲切开。

无论是切水果还是切蔬菜，都要注意食材的摆放顺序，即从左到右，与书写和阅读的顺序相同。比如，教孩子切南瓜时，我们把南瓜放在他的左边，案板和切菜器放在中间，将切好的南瓜放到右边。

场景二 学习使用小刀。让孩子一只手握住刀把，另一只手平放在刀背上，向下用力切开食物。

鼓励孩子做事情要有始有终。比如，切完一个水果，把皮扔到垃圾桶里，清洗刀具，并把刀具放回到原来位置上，然后坐下来吃，以此培养孩子做事的恒心、耐心和毅力。

场景三 学习使用削皮器。您帮孩子将苹果底端插进削皮器的尖部，然后让他轻轻转动把手，苹果皮就一点点被削下来了。

在开始学习时，孩子会遇到一些困难，但以后会越来越熟练。在掌握使用刀的技巧后，

他便能帮助我们切水果和蔬菜了,最终为与我们分享了他的劳动成果而高兴。

温馨提示:

要自始至终关注孩子的一举一动,确保安全。也可用仿真厨房游戏道具来让孩子练习。

29 涂果酱

早餐时间是孩子练习在面包片上涂抹果酱的好机会。只要我们相信他有这个能力,并适当延长早餐时间,提供必要的练习机会,他很容易就能掌握涂抹技巧。

材料准备:

一把切黄油的仿真小刀、几片小面包、涂面包片用的辅料(果酱、奶酪和黄油等)。

游戏过程:

(1)给孩子做示范。一只手拿面包片,一只手拿小刀,然后用小刀挑些果酱,慢慢涂抹到面包上。让孩子照样做几遍。

（2）教孩子涂抹黄油，方法同上。黄油油性大、滑润，与涂抹果酱的感觉不大一样，让孩子仔细体验。

（3）练习结束后，要求孩子将面包片和辅料收拾干净，清洗刀具。

通过涂果酱和黄油，孩子双手的动作协调性会得到大大的提升。

温馨提示：

（1）务必注意孩子使用刀具时的安全。建议使用仿真刀具练习。

（2）示范动作要慢些，步骤要清晰，以便孩子记忆。

30 清洗餐具

2岁的孩子开始对清洗餐具感兴趣。这时,我们可以为他创造一个适合他操作的环境,便于他随时进入学习状态。

材料准备:

若干餐具(如小碗、小盘子、筷子等)、一条围裙、一块海绵、一块抹布、一瓶洗洁精。

游戏过程:

(1)帮助孩子套上围裙。将一个水槽灌适量水并加适量洗洁精,另一个水槽用于第二遍清洗。

（2）把要清洗的餐具放在水槽边。让孩子拿一件餐具放入第一个水槽，用海绵擦洗；然后放入第二个水槽，用清水清洗。

（3）清洗完所有餐具后，教孩子用抹布擦干餐具。开始时，他会觉得有点难。给他准备一块抹布，中间画个圆圈，让他将餐具放到圆圈中，卷起布边包住餐具，然后擦干餐具外边。

（4）指导孩子将擦干净的餐具一一码放好。最后帮他脱下围裙。

经过反复练习，孩子能掌握清洗餐具的基本步骤。

温馨提示：

如果厨房没有双水槽，可用两个水盆替代。

31 带孩子下厨

和孩子一起做饭能让我们分享快乐,加强彼此的沟通,同时有助于提高孩子的动手能力,让他了解食材的结构和味道,并掌握相关词汇。为此,我们可以让孩子多做力所能及的事情,同时引导他观察大人们平时做饭的过程。

材料准备:

一套厨具,几个土豆,少许油、盐等调料,一条小围裙。

游戏过程:

(1)给孩子系好围裙,让他把土豆洗净,

放在水池边待用。

（2）削完皮后，您把土豆切成丝，让孩子放到盘子里。

（3）打开燃气，把锅加热，然后指导孩子倒入适量油，片刻后放入土豆，用锅铲翻炒。

（4）加少许盐和水，继续翻炒至熟（软硬度以个人口味为准）。

炒菜使孩子意识到事物是连贯和有次序的，比如先放什么，后放什么。之后，他便能渐渐学会做更多的事了。

温馨提示：

注意孩子操作时的安全，尤其是在翻炒热锅中的食材时。

32 做面包

重复练习对孩子学习某项技能十分重要，不仅可以使他的动作更娴熟，而且还有助于他分解动作，发现更多细节，从而提高对事物的敏感性。

做面包是一项有趣的活动，也很容易融入孩子的日常生活，成为他的一种期待。

材料准备：

一勺酵母、一碗温水、一勺盐、一小盆面粉和一碟植物油。

游戏过程：

（1）让孩子把酵母倒入水中，均匀搅拌。

（2）将酵母水倒进装有面粉的盆中，加盐后用木勺搅匀。

（3）开始揉面团。为了不让面太黏手，可在手上涂适量油。虽然揉面对孩子来说有些费力和费事，但是他会像玩黏土一样感兴趣。

（4）面团成形后，用刮刀切成多个大小一

样的小面团。此时,我们尽量放手让他自己做,不要过多干预,否则他会产生抵触情绪。

(5)发酵好后,帮他把面团放入烤箱烘烤。等待的时间可能会比较长,可是孩子却非常乐意观察面团慢慢"长大"的过程。

面包终于做好了,可以一起享用了!

温馨提示:

做耗时较长的家务时,我们一定要鼓励孩子不懈努力,坚持到底。在我们的指导下,他会逐渐增强自信,提高自主能力。

其他厨艺活动：

- ▶ 洗菜
- ▶ 刷土豆
- ▶ 淘米
- ▶ 剥豌豆和蚕豆皮
- ▶ 做比萨饼
- ▶ 拌沙拉
- ▶ 做蛋糕

- ▶ 剥玉米粒
- ▶ 发豆芽
- ▶ 择菜
- ▶ 使用漏斗、漏勺
- ▶ 收拾碗筷
- ▶ 搅拌鸡蛋液
- ▶ ……

33 练习倒豆子

当孩子想要反复倒东西,也就是把东西倒满一个容器,又倒空,再倒满时,他其实是要尝试提高动作的精准度。

材料准备:

一些绿豆或者黄豆、两个碗、一把大勺子、两只同样带柄的小壶。

游戏过程:

场景一 教孩子将豆子从一个碗倒入另一个碗,反复倒或者用手往碗里装豆子。

场景二 加大游戏难度,让孩子用大勺子

代替手，将豆子从一个碗中盛出来，倒入另一个碗，这要求孩子的动作更精准，精神更集中。

场景三 教孩子将一只壶里的豆子倒入另一只壶。首先将两只小壶放到托盘上，然后用一只手拿起盛有豆子的壶，对准另一只壶的壶口慢慢倾斜，让孩子注意观察豆子滑入壶中的情景。接着换另一只手做同样的练习。如果豆子掉在托盘上，让孩子用拇指和食指把它们捏起来放回壶里。示范动作一定要准确、缓慢，以便孩子理解和掌握动作要领。最后，让孩子照样做几遍。

所有倒东西的游戏都会吸引孩子，为此要发挥想象力，不断翻新花样。游戏过程中注意不要让孩子误将豆子塞入口鼻耳中。

34 用海绵吸水和挤水

通过游戏,孩子学会了使用海绵,并且知道未被挤干的海绵不能再吸水。

材料准备:

两只平口大碗、一块海绵、一个托盘。

游戏过程:

(1)把两只碗并排放在托盘上,让孩子往左边的碗里倒水,不要太多,尽量不洒到外面。

(2)将海绵放到有水的碗中浸湿浸透,孩子会发现海绵因吸水而变沉了。然后,把吸水的海绵拿到右边的空碗上方,用手轻轻挤压海

绵，直到挤干，这时水不断流到碗里，孩子发现被挤干的海绵又变轻了。

（3）以同样方法，用海绵将右边碗中的水挤到左边的碗里。如此反复练习数次。

（4）记得让孩子把洒到托盘里的水用海绵吸干。

开始时，孩子的动作会有些笨拙、慌乱。但是，在大人的指导下，他会做得越来越好，而且对海绵的吸水和储水功能会有更多的了解。

温馨提示：

（1）可先给孩子做示范，然后让他模仿示范动作练习。

（2）游戏结束后，把碗、海绵和托盘清洗干净，以备再用。

35 捞"小鱼"

当孩子的手变得灵活后，他需要寻找一些练习动作精准度的游戏。这时，我们要主动满足他的需求，安排相关活动。

捞"小鱼"游戏就是将浮在水面上的东西捞起来，动作看似简单易学，却要求手眼高度协调配合。

材料准备：

一大碗水、一只空碗、一些漂浮物（塑料小球、小玩具等）、一把大漏勺、一把小漏勺、一块海绵、一个托盘。

游戏过程：

场景一 将两只碗放到托盘上，盛水的碗在左边，空碗在右边。让孩子用大漏勺将左边碗中的漂浮物逐一舀到右边的碗中，再倒回左边的碗中，重复练习。捞的时候，尽量不要把水洒到托盘里。

场景二 为增加游戏难度，可用小漏勺替换大漏勺，按照以上方式继续练习。游戏结束后，用海绵擦干净桌子。

随着不断练习，孩子的动作会越来越精准，做事也会更有耐心、更专心。

温馨提示：

要全程监控游戏，切忌让孩子误食水中的漂浮物。

感官是"获取"外部世界图像的器官,对智力发育必不可少。

——[意]玛丽亚·蒙台梭利
《蒙台梭利科学教学法》第一卷

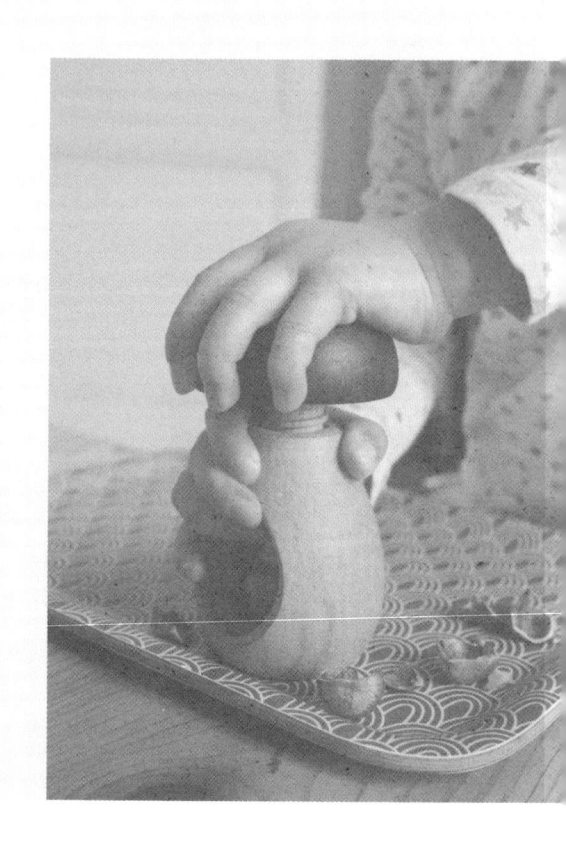

感官激活

对胎儿的最新研究表明：人的所有感官在母亲怀孕期间就已形成，并且逐步发育成熟。其顺序依次为触觉、嗅觉、味觉、听觉和视觉。这为孩子出生后适应外部环境做好了准备。

把幼儿称为"感觉的探秘者"一点也不为过。他们通过各种感官来感知、接受和理解周围的世界，从感性认识到理性认识，从具体到抽象，形成他们独特的思维方式和行为方式。

幼儿通过触觉学习分辨物品的形状、轮廓、大小、质地等；通过视觉学习分辨物品的颜色，并学会搭配；通过听觉学习分辨声音来源、远近，甚至猜测是什么东西发出的响动；通过嗅觉学习分辨不同味道，如水果、蔬菜、调料等食物的味道。

让我们重视孩子们的感觉，鼓励他们发挥感官的作用吧！

36 挑拣与分类

2岁以后,孩子喜欢玩挑拣与分类的游戏,他会全神贯注地投入其中,满足自己体验事物顺序的需求,学会按照自己的逻辑行事。

日常生活中,我们可以有意识地安排孩子玩这类游戏,但要记住,挑拣或者分类的标准只有一个:要么根据形状,要么根据大小,要么根据颜色。

材料准备:

三个小盆、三组大小不同的坚果(如三个核桃、三个巴旦木、三个栗子)。

游戏过程：

场景一 把三组大小不同的坚果（共九粒）一起放到罐子里。告诉孩子把同样大小的坚果挑拣出来分别放到一个盆里，这样每个盆装三个坚果。

场景二 为增加难度，让孩子闭上眼睛挑拣。通过触觉分辨坚果的大小、形状，然后分类放入不同的小盆。

温馨提示：

孩子经过练习，初步掌握了挑拣、分类的技巧，这时可以让他挑拣大小相似的物品，进一步提高他的分辨能力。

37 玩扣子

如果我们让孩子随心所欲地挑拣，不做任何提示，他会专心练习，独自发现更多的奥秘。

我们给孩子一堆扣子，让他随意挑拣，不做任何提示。他会按照自己的标准专心游戏，独自探寻扣子的奥秘。

材料准备：

一个装有各种扣子的盒子、几个空罐子、一个托盘。

游戏过程：

（1）把装有扣子的盒子放在托盘上，空罐子放在旁边。

（2）放手让孩子自己随意玩扣子，既不用指导也不必干预（无须示范）。他会把小手伸到盒子里挑选扣子，比如只拿出小的，或者红色的，或者蓝色的。

（3）慢慢地，他会发现更多细节：扣子有金属的、圆形的、双孔的、四孔的……

（4）引导他用罐子装满扣子，又倒空，用罐子装挑选出的扣子……

38 识别颜色

孩子的视觉辨别力会随着年龄增长而提高,并且直接影响他的书写和阅读能力。颜色是视觉最重要的感知对象之一,因此从小练习识别颜色十分必要。

材料准备:

(1)一套彩色游戏棒、几个玻璃杯(数量由游戏棒颜色多少而定)、彩色纸。

(2)三个小布袋(红色、蓝色和黄色)、十五颗珠子(红色、蓝色和黄色各五颗)、一个大碗。

游戏过程：

场景一 先在玻璃杯上贴上不同颜色的纸。再让孩子按颜色挑出游戏棒，放入相同颜色的杯子里。

场景二 用三个袋子分别装五颗颜色相同的珠子。然后，告诉孩子每个袋子的颜色和里面珠子的颜色一样。接着把所有珠子混在一起，装到碗里，让孩子按颜色挑出珠子，放入相同颜色的袋子里。

温馨提示：

孩子可反复玩游戏,直到能快速识别颜色。切忌让孩子误食珠子。

39 颜色小猎手

这是一个很有趣的小游戏,训练孩子观察各种颜色。当他开始对颜色产生兴趣,且有分辨能力时,我们便可以跟他玩这个游戏了。

材料准备:

家里的任何物品。

游戏过程:

(1)选择一种颜色,如红色。然后指给孩子看家里的一张红纸、一块红木板等,并对他说:"这是红色,红色。"

(2)和孩子一起把家里能找到的红色物品

都找出来，数一数有多少件。

　　游戏看似简单，仍需小小的努力。孩子一旦掌握游戏规则，很快便能入门。如果他厌倦了，可以暂停游戏，转而让他欣赏一幅有红色的漂亮图画。

温馨提示：

　　（1）切忌同时给孩子展示多种颜色的物品，以免他弄混或者影响记忆。

　　（2）对初识颜色的孩子，建议用同一种颜色重复做游戏。

40 辨识物品

这项游戏简单易学,可根据孩子的能力变换游戏方式,以此增加难度。世界万物,形态各异,让孩子学会根据轮廓辨识物品无疑是非常好的练习。

材料准备:

家中各种形状简单、易于辨认的物品(如小锤子、尺子、圆盒子、叉子、杯子等),另备一只篮子。

游戏过程:

(1)将物品逐一放到一张纸板上,用粗铅

笔勾勒它们的轮廓，再把物品放入篮子。

（2）让孩子观察纸板上每种物品的轮廓，然后在篮子里找同样轮廓的物品，把它们一一放到纸板上的对应位置，盖住勾勒出的轮廓。

如果把轮廓涂黑填实，游戏对孩子来说就更容易了。为增加游戏难度，还可以找一些轮廓相近的物品。

温馨提示：

发挥想象力，自制图片卡，比如画出动物或树木的形状，然后与相应图片配对。

41 彩色圆圈

这是另外一项与颜色有关的游戏,可视性强,会让所有孩子兴奋不已。孩子喜欢粘贴彩色圆圈,再揭下来,以锻炼手指的灵活性。

材料准备:

一些彩色塑料袋(红色、蓝色、黄色和绿色)、一只喷壶或者一卷透明胶带。

游戏过程:

(1)把彩色塑料袋剪成大小各异的圆圈。

(2)让孩子用喷壶喷湿玻璃,然后把图案贴在玻璃上面。(也可用胶带粘贴)

（3）和孩子一起观察阳光透过玻璃投在地上的各种彩色光圈。

（4）把彩色塑料袋圆圈重叠起来，便能发现颜色混合后所产生的奇特效果。

温馨提示：

粘贴彩色圆圈时，注意大小和颜色搭配，这样视觉效果会更好。

42 触觉百宝囊

这个游戏的目的是利用对实物的感觉,提高触觉的灵敏度,比如触摸一件物品,辨别它的形状。

材料准备:

六个触感差别较大的常见物品(如带壳核桃、手镯、松果、贝壳、勺子等),另备一个布袋。

游戏过程:

(1)先给孩子做示范,从布袋中把物品一一拿出来,触摸后记住它们的形状并说出它们的名称。然后让孩子照样子做一遍,记住物

品的名称。

（2）把物品放回袋子。稍等片刻，您把手伸进袋子，慢慢摸出一个物品，并说："我找到了一个松果。"接下来轮到孩子做游戏了。

开始时，孩子也许很想"偷看"袋中的物品，不过随着手感逐渐敏锐，他对物品的判断会越来越有自信。通过游戏，他提升了多方面的能力，做事更专注，动作更精细，触觉更敏感，用词更准确。

43 香包

即便年龄很小的孩子也可以拿小香包玩耍,体验不同的感受。

材料准备:

几对不同面料的小香包,如棉布的、毛绒的、丝绸的、皮革的、人造毛的、绣花布的等。

游戏过程:

(1)让孩子拿着香包随意摆弄:揉压,闻味道,放在脸上蹭,双手握住等。

(2)告诉孩子这些香包是成双成对的,让他从中找出两个一样的香包进行配对。

（3）把一组香包放到一只大口袋里，另一组放到孩子面前。让他从面前拿一个香包，用手触摸一下，然后将手伸进袋子里寻找另一个相同的香包，拿出后放到第一个香包旁边。

刚开始，孩子难免会搞错，大人无须指出他的错误，因为他自己能纠正。把弄错的香包放回口袋，让他重新摸一遍，直到正确配对。

温馨提示：

可以变换游戏方式，使用同一颜色的面料制作小香包，里面填充手感不同的东西，如大米、面粉、豆子等。

44 练习触摸

我们可以让孩子触摸各种材质的物品,以满足他的好奇心,体验不同的感觉。

材料准备:

一只篮子、四件软物品(如毛线团、皮球、海绵等)、四件硬物品(如石子、积木、带壳核桃等)。

游戏过程：

（1）把所有物品放入篮子，然后一件件拿出来，让孩子用手感觉它们的软硬度，告诉他"这件是软的"或者"那件是硬的"。最后，将软硬物品分开摆放。

（2）让孩子闭上眼睛触摸物品，说出哪件是软的，哪件是硬的。

温馨提示：

还可以选用一些表面光滑或者粗糙的物品做游戏道具。

45 光脚走路

对孩子来说,光脚走路有益无害。他能感觉到地板的温润、砖面的冷硬、地毯的柔软。不穿鞋,他的脚步更稳,走起来更有自信,感觉体验也更丰富。

材料准备:

一块软垫、一块毡垫、一块地毯、一块草垫、一块木板、一块瓷砖等。

游戏过程:

(1)用以上物品铺一条小路,再脱掉孩子的鞋子。

（2）教他张开双臂保持身体平衡，然后在小路上来回慢慢走，仔细体验"走"的感觉。

（3）让他说出脚下不同物品的特点：软、硬、滑、凉、暖等。

温馨提示：

开始时，孩子可能需要我们牵着手才敢走。待他熟练后，我们可以替换铺在地上的材料，或者设计一条更复杂的路，比如环形路、S形路、高低不平的路等。

46 玩气球

我们可以与不同年龄的孩子分享这项有趣的游戏，获得不一样的感受。

材料准备：

几个透明的大气球、几种不同的填充物（如大米、绿豆、沙子、水等）。

游戏过程：

（1）和孩子一起把填充物塞到气球里，然后充入适量气体。将圆滚滚的气球排成一行。

（2）逐一观察气球动态时里面的变化。由于气球是透明的，可以看到里面的东西上下跳动，

水在晃动。

（3）双手摇晃气球，有的能发出响声，有的则不能。

（4）把球放在手里，可以感受到水的分量和里面的东西在滚动。

（5）用手用力压气球（注意别压破了），感受球体的弹性，再稍微用力一推，它就会滚动起来。

孩子会玩得很兴奋，感觉太棒了！

47 听觉游戏

我们一般不大在意周围的声音，因为大脑对它们已经习以为常了。可是宝宝不同，他们的感官尚在发育中，对声音极其敏感。

因此，我们有必要设计一些游戏来训练孩子的听觉，提高他们识别声音的能力。

材料准备：

根据游戏内容酌情准备。

游戏过程：

场景一 选择一个合适的时间，最好在孩

子情绪比较稳定，并且愿意做游戏的时候。让他保持安静，闭上眼睛。然后弄出一个易辨认的声音，如拍手、拉抽屉、翻纸张、拧水龙头、开冰箱等，让他猜是什么声音。

如果孩子不能自觉闭上眼睛，可以让他坐到旁边的房间听声音。

场景二 让孩子坐在屋子中间，闭上眼睛，注意听声音。然后制造出一个响声，让他用手指出声音来自哪里，以此训练他的听觉空间感。

为了增加游戏的趣味性，大人可以和孩子互换角色。

温馨提示：

听力练习宜早不宜迟。这可以尽早确认宝宝是否有听力问题，以便及时应对。

48 嗅觉游戏

参照"百宝囊"的游戏规则,我们可以和孩子一起玩嗅觉游戏,即闻味道猜食物。孩子会对这个游戏乐此不疲。

要记住,这类游戏有助于提高孩子的嗅觉能力,绝不是枯燥无趣的练习或者为博取大人们的开心。

材料准备:

一些味道差别大的食物(如醋、咖啡、辣椒)、一些味道近似的食物(如柠檬、橘子、柚子)。

游戏过程：

（1）让孩子看看味道差别大的三种食物，并分别闻闻它们，再告诉他这些食物的名称。

（2）让他闭上眼睛，逐一闻一闻三种食物的味道，然后依次说出它们的名称。

（3）还可以用其他三种味道近似的食物做同样的游戏。

可以变换游戏方式，让孩子到厨房、公园、果园或者其他地方闻各种各样的调料、水果、蔬菜、花卉等的味道。

平时要多引导孩子练习嗅觉。比如，买回一棵白菜，先和他一起观察这棵菜，然后让他闻一闻、摸一摸。最后，把菜做熟，再让孩子尝一尝，他会非常高兴。

如果儿童不使用自己的双手，其智力发展将停滞不前。而手工活动可以提升他的智力水平。因此，能够独自使用双手的幼童会表现出更坚强的性格。

——[意]玛丽亚·蒙台梭利
《有吸收力的心灵》

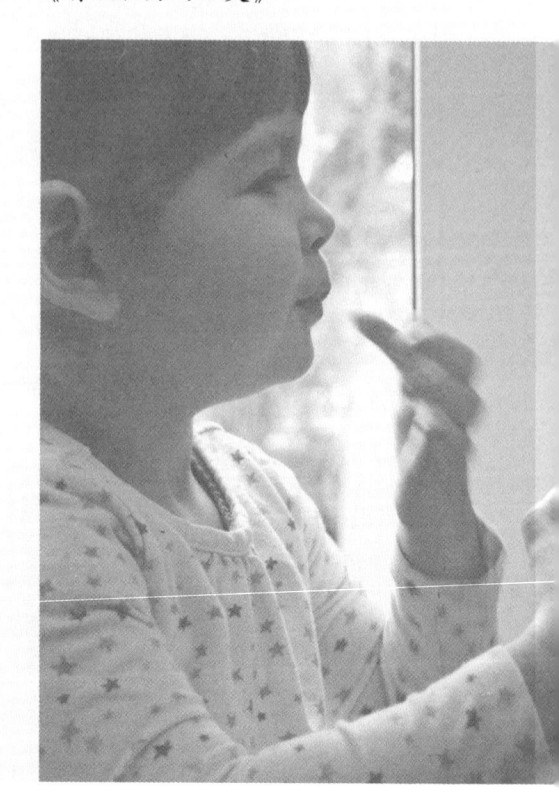

手眼配合

人劳动时用神奇的工具——双手，打开了生物进化的新篇章，并在智慧引领下不断改变环境，使其人性化。人的这部分本性存在于每个人，使我们从劳动中获得极大满足，自觉或不自觉地参与人类文明发展史。

蒙式教学法注重儿童手工活动，因为只有亲自动手，他们才能自幼开始越来越深入地认识周围世界，构建自己的认知体系，提高自己的智力水平。

但是在学习手工之前，必须培养孩子的专注力，否则他们将一事无成，既学不到简单的动作技巧，也学不到必要的科学知识。

所有手工活动一定要聚焦手眼动作的配合，又以练习手指的灵活度、精准度和力量为主。方式方法虽然多种多样，却总归万变不离其宗。

49 训练专注力

玛丽亚·蒙台梭利认为：没有专注力就无法学习。帮助孩子提高专注力是蒙式课程的长期目标之一。我们应该在孩子 3 岁之前便着手培养他的专注力。

材料准备：

一些展示生活场景或者自然风光的图片。

游戏过程：

（1）拿一张图片，让孩子专注看一分钟，然后说出看到的所有东西，越具体越好。

（2）如果孩子说得不全或者有明显遗漏，

我们可以做补充，以此引导他专心观察事物，把握细节。

（3）看完所有图片后，和孩子互换角色。这时，您故意不说全看到的东西，让孩子补充。

温馨提示：

孩子的专注力很不稳定，容易被急躁的大人打断。所以，当他正在做事时，切忌随意打扰，否则他很难再集中注意力。

50 巧用存钱罐

所有孩子都会经历这样一段较长的时期：喜欢来回往容器里塞东西或者倒东西。我们很容易设计一些游戏，满足他们提高动作精准度的需求。

材料准备：

一个小存钱罐、一些硬币、一个托盘。

游戏过程：

（1）将存钱罐放到托盘里，接着和孩子一起将硬币按大小顺序排列，码到托盘里。

（2）让孩子先将大的硬币对准存钱罐口塞

进去，然后是小的，逐步增加难度。

（3）把所有硬币塞入存钱罐后，您拿起罐子摇两下，孩子听到里面丁零当啷的声音会感到兴奋。

（4）教孩子打开存钱罐底部的盖子，将里面的硬币倒到托盘里。

反复做几遍游戏，直到孩子能精准熟练地塞硬币。

温馨提示：

硬币对孩子有极大的诱惑力，它不仅外形可爱，而且相互碰撞时能发出悦耳的声音。要随时监控他的一举一动，避免误吞硬币。

51 穿珠游戏（1）

各种穿珠游戏都有助于提高孩子动作的精准度和协调性。一般来说，孩子在12—14月龄时开始玩这类游戏。最初，他们只会注意动作的准确性，不在意珠子的颜色和数量。

材料准备：

一根筷子或者一根细木棍、一些圆环和大彩珠。

游戏过程：

（1）给孩子做示范，手拿筷子，将一个个圆环依次穿到筷子上。然后，把圆环摘下来，

放回原处。让孩子照样子做几遍。

（2）让孩子手拿筷子，将彩珠穿到筷子上。这比穿圆环难度大，因为彩珠的穿孔较小。

（3）在孩子掌握穿圆环和彩珠的技巧后，可以让他按颜色穿彩珠，比如先穿红色的，后穿蓝色的……

通过游戏，孩子的动作越来越准确、协调，同时强化了次序概念，一举多得。

温馨提示：

筷子或木棍两端不能太尖，谨防扎伤孩子。

52 穿珠游戏（2）

穿珠子是锻炼手指和提高动作精确度的辅助性练习。初练时，孩子只会用好拿的筷子或者细木棍穿，还不会使用细绳穿。经过练习后，他就可以掌握这项技能了。

材料准备：

一根细绳、一些圆环和大彩珠、一管胶水。

游戏过程：

（1）拿住绳头，留出三厘米的长度，涂上胶水使其硬化。给孩子做示范，捏住一定长度的绳头，将圆环依次穿到绳子上。再把圆环摘

下来，放回原处。让孩子照样子做几遍。

（2）按照以上方式，让孩子拿住绳子，将彩珠穿到绳子上。这比穿圆环难度大，因为彩珠的穿孔较小。

（3）在孩子掌握穿圆环和彩珠的技巧后，可以教他按颜色穿彩珠，比如先穿红色的，后穿蓝色的……

温馨提示：

做示范时，动作要慢，步骤要清晰，且要耐心地多重复几遍。

53 俄罗斯套娃

1—3岁的孩子喜欢把东西码放到盒子里，还特别热衷于做对比、挑拣、分类等与数理思维有关的活动。

孩子们看到一个大娃娃肚子里藏着一个小娃娃时，会很兴奋。

材料准备：

一组俄罗斯套娃。

游戏过程：

（1）将套娃摆在桌子上，然后揭开最大套

娃的盖子，依次拿出较小的套娃，再把盖子盖上，照此做下去。最后，按大小顺序摆成一排。

（2）和孩子观察每个套娃的大小，随后打乱套娃的排列顺序，摆成高低不一的一排。

（3）让孩子把套娃重新套在一起。这时，他需要认真思考，在心里默默给套娃排序。经过几番尝试，他也终于能成功将全部套娃套在一起了。

温馨提示：

可用大小各异的套盒或者方形积木替代套娃，这样玩起来更随意，还可以搭高塔，排顺序，装东西等。

54 各就各位

孩子在次序认知敏感期,会自发地玩一些次序游戏。这个游戏适合处于这个时期的孩子。让每件东西各就各位,可以让孩子获得安全感。

材料准备:

几本图画书、几本爸爸看的书、几本妈妈看的书、一个小书架、家庭成员的照片。

游戏过程:

(1)把家庭成员的照片分别贴在书架上不同位置,表示这个位置属于他们各自专用。

(2)让孩子从摊在地上的书堆里,挑出哪

些是他的书，哪些是爸爸的书，哪些是妈妈的书，按顺序分成三类。

（3）孩子比对书架上的照片，将书分别码放在相应的照片的位置上。和他一起检查，看看有没有放错位置的书。

（4）要求孩子按书的高矮重新排序码放。最后，让他自己检查，看看有没有放错位置的书。这样，他会主动纠正出现的错误。

温馨提示：

次序感对孩子的成长非常重要，甚至会影响他的思维方式。因此，要尽早培养他有序做事、条理生活的好习惯。

55 开合盒盖

这项游戏能满足孩子的好奇心,让他摆弄日常生活中常见的"玩意儿",探索其中的奥秘。

材料准备:

一些带盖的小盒子。

游戏过程:

(1)把所有的盒子放在地毯上,盖子那面朝上。

(2)拿出一个盒子,教孩子如何打开:一只手托住盒子,另一只手的拇指抠住盒盖开口处,轻轻向上揭盖子。连续打开几个盒子后,稍做停顿，和他一起观察已经打开盖子的盒子。

（3）把打开的盒盖重新合上。让孩子注意，开盖子时手向上用力，合盖子时手向下用力。

他会按照以上示范静静地反复练习，最终掌握开合盒盖的技巧。

变换游戏方式：

本项游戏的道具可以替换为其他样式的小盒子，比如首饰盒和其他带抽屉、带合页或者带推拉装置的盒子；还有各种小包，比如带拉锁、带按扣、带系带、带魔术贴的包包。

温馨提示：

（1）挑选的带盖物品，无论是拧开、揭开，还是按开，都要适合孩子的既有能力。

（2）示范动作力求简单明了，使孩子容易理解、记忆和模仿。

56 拧螺帽

不少幼儿游戏与拧这个动作有关,只是练习目的不尽相同。因此,我们把这个动作单独拿出来练习,使孩子更专注学习,不断完善。

材料准备:

一套螺杆和螺帽。

游戏过程:

(1)给孩子示范如何拧螺帽。一只手拿螺杆,另一只手拿螺帽,然后对准螺杆顶端,将螺帽沿螺杆上的螺纹入扣方向轻轻拧,这时螺帽就拧到了螺杆上。

（2）拿着拧好的螺帽连同螺杆，对孩子说："螺帽拧上了。"

（3）把拧好的螺帽再拧下来。让孩子注意，拧上（紧）和拧下（松）螺帽要向相反的方向用力，有时候很容易搞错。

让孩子按照示范动作自己练习，直到掌握拧的技巧。最初，他只会往一个方向拧（紧），之后慢慢学会往相反方向拧（松）。

温馨提示：

刚开始练习时，建议使用大号螺杆和螺帽。随着孩子的手越来越灵巧，再用小号的替换。

57 插游戏棒

这是一项简单且不乏趣味的游戏,要求孩子全神贯注地练习。

材料准备:

一只篮子、一个盖子上带多孔的罐子和一些比罐子矮的游戏棒或者小木棍。

游戏过程:

(1)将罐子放在桌上,将游戏棒放入篮子。

(2)让孩子从篮子中拿出一根游戏棒,顶端对准盖子上任意一个孔,插入罐子。

(3)插完所有游戏棒后,打开盖子,把游

戏棒倒出来，放回篮子。

（4）要求孩子每个孔只插入一根游戏棒，看看一共能插多少根游戏棒。这时，游戏难度明显提高。

游戏时，孩子会尝试把木棍对准盖子上的圆孔，然后往罐子里插，这是游戏最具挑战性的环节，也是他的兴趣所在。只要保持耐心和专心，他就一定能成功。

温馨提示：

没有难度的游戏很容易让孩子厌倦，所以我们设计游戏时要寻找难易的平衡点。

58 玩锁具

学习使用日常生活用具对发现和认识周围事物有着十分重要的意义。孩子喜欢摆弄各种锁具，试图发现其中的小机关。

材料准备：

一把挂锁、一副挂锁锁扣（包括搭扣和锁鼻）。

游戏过程：

（1）将搭扣固定在一块大木板上，锁鼻固定在一块小木板上，并与大木板固定在一起，使它们的机械原理一目了然。

（2）给孩子示范如何使用锁扣。用手将搭扣合到锁鼻上，对孩子说："这样它们就扣在一起了。"然后从锁鼻上移开搭扣，又对他说："这样就打开了。"

（3）教孩子使用挂锁。一只手拿锁，另一只手拿钥匙。将钥匙插入锁孔，轻轻转动，锁便打开了；按一下锁梁，锁又锁上了，然后拔出钥匙。

（4）将搭扣合到锁鼻上，接着把打开的锁挂到锁鼻上，搭扣就打不开了。

59 练夹功

2岁半的孩子做动作已经比较精准了,这时他可以玩更复杂的游戏,比如用镊子夹东西。

材料准备:

一把镊子、一个托盘、两个碗、一些大珠子和小珠子。

游戏过程:

(1)把两个碗放到托盘上,将大珠子放到左边的碗里。

(2)用拇指和食指拿好镊子,把左边碗里的大珠子一个个夹到右边的空碗里。然后反过

来练习，即从右边夹到左边，直到动作自如。

（3）为增加游戏难度，让孩子尝试夹小珠子。他一样会成功。

游戏要求孩子集中注意力和保持耐心。开始练习时，他可能夹不住珠子。但经过练习会渐渐掌握技巧，动作也变得越来越灵巧、精准。

温馨提示：

（1）孩子们具备控制动作的能力，远比我们想象的要早。

（2）有的孩子愿意用左手夹东西，大人切勿干预。

60 打孔

这是一项颇有难度的游戏,能够锻炼孩子手眼配合能力和动作精准度。

材料准备:

几张纸、一支彩笔、一块厚毡垫、一把塑料小锥子、一把手工剪刀。

游戏过程:

(1)在纸上画一只动物或者一件物品的轮廓,然后沿轮廓线描圆点。

(2)把画好的纸放在毡垫上,让孩子用小锥子在圆点上打孔。

(3）打完孔后，用剪刀将轮廓内的图案慢慢剪下来，这样就出现了一幅完整的剪影图，而纸上则留下一幅镂空图。

（4）让孩子反复练习几遍，仔细体会动作要领，熟练掌握打孔技巧。

通过游戏，孩子可以学会控制手指打孔的力量，并能够沿着轮廓线移动，这可以为日后手握铅笔写字做铺垫。在整个游戏过程中，他必须聚精会神，丝毫不能分心。

温馨提示：

要全程监控游戏，务必注意孩子用锥子过程中的安全。

61 拼图

我们可以在儿童用品商店买到各种题材的拼图,这类游戏简单易学,特别适合孩子。他们会非常享受玩拼图的乐趣。

材料准备:

动物等题材的拼图(两到六块拼块)。

游戏过程:

(1)先从两块拼块的拼图游戏玩起。让孩子看看完整的拼图板,而后把两块拼块逐一拿出来,放在拼图板旁边的桌子上。

(2)按照拼图板上的图样,将两块拼块逐

一拼回到拼图板上。反复练习几遍。

（3）接着可以玩四块或者六块拼块的拼图游戏了。方法同上。

2岁左右，孩子开始玩拼图。这时，要耐心地教他，示范动作要明确和准确，这样才容易被他掌握。

温馨提示：

有时候，孩子会按照自己的逻辑摆放拼块，我们不用干预。

62 挑选玩具

玩具是孩子们的第一本教科书，它不仅可以增加生活趣味，丰富知识，开拓能力，还有助于培养个性。

父母通常喜欢按照一定的教育原则为孩子挑选玩具。首先，玩具应该设计合理，有吸引力，外观漂亮。能让孩子爱不释手的玩具肯定比简单按按钮的玩具更有趣。其次，挑选玩具时要考虑它能给孩子带来什么，比如设计意图是什么，能否引导孩子思考或者探索。

我们要优先选择那些有创意和能激发孩子想象力的玩具，比如智力玩具。它们能提高孩

子的观察能力、动手能力、思考能力和决策能力，使之融为一体。

父母要成为真正的"玩家"，既要会玩玩具，又要了解玩具的性能和制作原理，这样才能更好地教孩子玩。

教的过程并不复杂，却很重要。父母要先让孩子熟悉和认识玩具，对它产生兴趣，随后用简单生动的语言和规范的动作演示玩具的玩法和规则。刚开始时，父母可以和孩子一起玩，待孩子熟悉玩法后，再让他独立玩。

此外，要注意启发孩子的想象力，变通玩具的玩法。尽管如此，但万变不离其宗，也就是说，无论怎么玩，父母都要叮嘱孩子遵守基本规则，这样才能发挥玩具的教育性，达到寓教于乐的目的。

63 远离电视

电视的普及让电视节目和广告对孩子成长发育的影响越来越大，很多父母因此忧心忡忡。

玛丽亚·蒙台梭利并没有体验过电视的强大影响力，因为在她那个时代，电视尚未进入千家万户。我们只能揣测她对电视的看法。从儿童敏感期的角度看，玛丽亚·蒙台梭利很可能不会推崇电视。她始终认为，孩子需要在现实世界中实际体验，亲身感受周围的事物。

近年来，人们指责电视给不同年龄的孩子造成诸多问题，如肥胖症、攻击性行为、学习能力下降等。看电视不但损害脑力、视力，还会让孩子因活动减少而降低身体协调能力和敏感度。同时，孩子看电视时间过长，势必减少看画册、读书和游戏的时间，而这些活动对儿童创造力和想象力的发展极其重要。

三招制约孩子看电视：

（1）制定规则

和孩子约法三章，共同制定看电视的规则。例如，规定看电视的时间和时长、节目类型，不能影响吃饭、睡觉，等等。

（2）转移注意力

为了减少孩子对电视的依赖，可以给他找些有趣的事情做。例如，带他出去玩滑板、堆积木、玩拼图等。

（3）以身作则

家长自己得先不贪恋电视，否则孩子会觉得不公平，进而产生逆反心理，导致家庭矛盾。

人的所有能力中,语言能力无疑令人惊叹。这件人与人之间的超级沟通工具使我们能够分享内在和外在世界的一切详尽信息,真是非常神奇。
——[意]西尔瓦娜·夸特罗奇·蒙塔纳罗
《理解儿童:生命重要的前三年》

提高语言能力

语言能力的提高是一个渐进过程,源于孩子出生后与外界的不断交流。不管语言有多难,大部分孩子到1岁时便能大致听懂。1—2岁时会模仿各种不同的发音和短语组合,其词汇量多少、发音和语法是否准确,完全取决于他有多少机会听到这种语言。

鉴于此,我们跟孩子清晰、准确地说话是在语言方面帮助他的第一步。和他说话,一开始要慢,声音不能太大,说话的语气要稳重,好像我们在对一个能够理解说话内容的人讲话一样,表明我们对他的重视及愿意与他沟通。

孩子需要学习词汇,我们可以借助他熟悉的物品以及图片教他相应的词汇,给他读书、讲故事,帮助他学习口语和书面语。

64 准确用词

早在孩子牙牙学语之前,他就能理解和融会所听到的话语了。然而,正是在 15 个月至 3 岁这段时期,孩子的语言发展速度最为惊人。

我们要重视提高孩子的语言能力,在跟他交流时,尽量准确使用词汇,帮助他获得丰富而精准的语言。比如,"包"这个字可以表示多种样式的包:背包、挎包、钱包等。孩子听到的词汇要准确,而不是泛泛的概念。如果有疑问,要和孩子一起查找答案。对孩子来说,在花园中看到的一只鸟叫喜鹊,比只知道那是只会飞的鸟更有意义。这会让他觉得语言很鲜活。

为了将词汇与所指的东西联系起来,孩子需要观察、触摸和感知实物。我们要引导他将词语与每天的实际体验逐一对应。

尝试与孩子一起玩下面两种语言游戏吧:

(1) 看图问答

找一本孩子喜欢的图画书。根据图画内容,给他提一些与日常生活有关的小问题。或者让他自己画画,然后问他画的是什么。总之,要鼓励孩子多练习对话,提高语言表达能力。

(2) 学唱儿歌

儿歌朗朗上口,词句精练生动,特别适合孩子学习和记忆。在各种生活场景中,我们都可以经常哼唱儿歌,孩子会在不经意间学会不少新词。

65 挑选图书

图书是语言的绝佳载体，也是文化媒介，所以我们为孩子选书要慎之又慎。

有时候，儿童图书的画面太过刺激，眼花缭乱的色彩会不利于孩子专心阅读。最好只保留几本他们喜欢和关注的绘本，而不必收集那些索然无味，又缺乏画面感和没有什么实际内容的书。

3岁前，甚至之后，孩子都会渴望了解现实世界。为此，给他们挑选图书时，可以适当增加一些内容基于真实事物的图书。虚幻和想象的东西，虽然很诱人，但倘若全是这类图书，容易扰乱孩子的判断，因为他们缺乏形成抽象思维的能力。真实的故事是帮孩子发挥想象力和增强语言能力的最好方式之一。

给孩子推荐一本书之前，我们要先翻阅一遍，确认内容是否合适。合适的书至少符合以下三个原则：

（1）适合孩子所处的年龄段；

（2）能引起孩子的兴趣；

（3）能在某个方面提升孩子的能力。

66 多样性语言

每天给孩子读书非常重要，特别是在语言学习期。这时，他对语音、语调、词汇非常敏感，学习能力超强。

实际上，孩子在学说话之前，大脑早已获取了语言机能。他在出生后几个月便能模仿大人发声，开始牙牙学语。他慢慢意识到自己拥有非常宝贵的语言工具——嘴巴和喉咙。

日常生活中，孩子整天听到的都是口头用语，而只有在我们给他读书时才能接触到书面用语。读书是另一种讲故事的方式，所使用的词汇通常比我们日常的复杂和丰富。书面语言

的句式可以丰富孩子的语言结构，儿歌和诗歌可以增强他的韵律感和音律感。给孩子读书有助于提高他的思维能力，刺激他的听觉记忆，帮助他发挥想象力。

为保证阅读效果，我们需要营造一个适宜的环境。如果在卧室，可以辟出一个角落，准备几个靠垫、一个坐垫或者一把椅子，以及一些书。客厅也一样，可以摆放几本孩子拿取方便的图书和几个靠垫。让他知道在家里不同地方都能找到书，而且随时可以坐下来翻看。

不要把玩具和书混在一起，因为书不像玩具那样可任由孩子摆弄。应该尽早教孩子如何拿书、翻书和码放书，让他懂得书是一种易损、珍贵的物品，需要格外爱护。

67 名称与实物

如果我们成人了解了孩子的"命名敏感期",并适时回应他对学习词语的渴望,那么他的语言就能变得丰富和精确,并让他受益终身。

孩子进入"命名敏感期"后,对词汇,特别是物品的名称尤其感兴趣,喜欢对着各种物品指指点点。他需要将物品与名称对应起来,以便更好地认识事物。从孩子 1 岁起,我们可以汇集同一类别的不同物品,编制相应词汇的"课程"。

生活本身就是一个大课堂,我们周围有太

多的事物可以展示给孩子，比如有意识地给他看各种水果、厨房用具、衣物、家具等，告诉他相应物品的名称。在吃饭、做饭、洗澡或者休闲时，可以经常重复这些名称，加深他的记忆。当孩子向我们问这问那时，我们要有耐心，不厌其烦地解释、说明，满足他的求知欲。

当孩子想做游戏时，我们和他一起坐在地毯上，拿起一件物品，用双手触摸，仔细感受，然后递给他，让他也感受一下。接下来，我们说出物品的名称，这样他便能将物品的名称与自己的感受联系起来。

温馨提示：

学习语言是一个循序渐进的过程。通常先教孩子学说"爸爸""妈妈""爷爷""奶奶"等称呼，然后是身体的各部位名称以及他经常接触的物品名称，如玩具、食物、餐具等物品名称。

68 生活模仿秀

模仿是孩子学习的重要方式。无论是我们的语言还是行为,他都会认真听和看,然后努力模仿。在无意间,我们就成了他学习的榜样和启蒙老师。

为了让孩子学得更多、更好、更快,我们要在他学会说话和有一定的动作能力后,给他提供必要的空间和工具,帮助他挖掘自身的学习禀赋。

(1)结合日常生活场景,我们可以准备一些过家家的玩具,如餐具、动物、家具、衣物、交通工具等的迷你模型,便于孩子将实物和模型一一对应。有了这些东西，他几乎可以模仿成人生活中的所有角色，并向我们展示他的学习成果。

（2）参考之前的建议，我们还可以顺便安排相应的词汇"课程"，让孩子从摆弄模型中了解相应的实物名称，借此丰富他的词汇量。需要注意的是，模型毕竟不同于实物，触摸感不一定真实。这就要求我们等孩子稍大些时，让他接触实物，不再受限于玩具模型。

（3）经常带孩子逛商场、公园、游乐场等公共场所，广泛接触社会，以此引导他观察人们的行为举止。因为只有理解消化了所见所闻，才可能模仿出来。

（4）对孩子在模仿语言和行为中的任何进步都要予以充分鼓励和赞许，同时还要及时纠正出现的问题，如当他说"脏话"，做出不良举动时。

69 图片与实物

对于18个月大的孩子,实物与图片的匹配游戏可以帮助他从形象思维过渡到抽象思维,让他懂得手里拿着的物品与图片中的一样。

材料准备:

三件物品、三张相应图片。

游戏过程:

(1)拿起一件物品,让孩子仔细看,告诉他物品的名称,然后放到相应的图片旁。接着拿第二件、第三件物品。要是孩子愿意,他可以自己拿物品放到相应的图片旁。

（2）拿起一张图片，让孩子仔细看，告诉他图片上物品的名称，然后放到相应的物品旁。接着拿第二张、第三张图片。要是孩子愿意，他可以自己拿图片放到相应的物品旁。

（3）将图片和物品混在一起，让孩子从中拿出一件物品，并找出相应的图片，一起放到旁边。接着拿第二件、第三件物品，并找出相应的图片。

（4）再将图片和物品混在一起，让孩子从中拿出一张图片，并找出相应的物品，一起放到旁边。接着拿第二张、第三张图片，并找出相应的物品。

反复练习后，孩子能熟练地将实物与图片进行匹配。

70 动物家族

我们可以使用动物模型来介绍动物家族，丰富孩子的词汇量。

材料准备：

一套动物模型或者图片，如马、牛、猪、羊、狗等。

游戏过程：

（1）将动物模型排列在桌子上，让孩子仔细观察这些动物，然后告诉孩子每种动物的名称，做简单解释，引导他发现动物之间的差别。

（2）说出某种动物的名称，让孩子从模型

中找到相应的动物并放在旁边。以此类推。

（3）把动物模型重新排列好。拿出其中一种动物，让孩子说出名称，然后放到旁边。以此类推。

（4）当孩子认识这些动物之后，可以和他一起寻找它们的共同点和各自特点,比如鼻子、嘴巴、耳朵、蹄子、脑袋、尾巴（角）等。

孩子尽管还说不清楚话，却有着惊人的记忆力，渴望学习新词汇。因此，要经常和孩子一起复习学过的词汇。还可以给动物家族拍照，制作成图片，辅助学习。

温馨提示：

刚开始，不宜摆放太多的动物模型，三到四种就够了。随着孩子认知能力的提高，再逐渐增加模型数量。

71 学习词汇

为方便孩子们学习词汇,我们专门设计了三段式教学法。实践证明这种方法很有效。

第一阶段 介绍物品名称

首先根据孩子感兴趣的主题或游戏内容,挑选三件同类物品,比如西葫芦、西红柿和青椒。做饭时,给他看这三种蔬菜,依次说出它们的名称(从左到右,同阅读顺序),发音要缓慢且清晰。然后我们触摸这些蔬菜,让孩子照做,以加深记忆。重复数次上面的练习。

第二阶段 学习识别物品

开始时,我们重复一遍第一阶段的练习,

然后问孩子："哪个是西葫芦？""哪个是西红柿？""哪个是青椒？"顺序不变，从左到右。有时候，孩子不习惯用手指物品，会直接拿给我们。练习中，我们重复学过的词汇，强化他的记忆，但不要求他马上记住和说出所有物品的名称。当我们确信孩子有能力说出物品名称后，再转入下一阶段。

第三阶段 检验学习成果

先复习前两个阶段的学习内容，然后指着第一种蔬菜问孩子："这是什么？"注意：不要催促他，以免他紧张。当回答正确后，他会变得更自信，更乐意学习新词汇。

//

72 分类识物卡

分类识物卡是扩展词汇量的好工具,从孩子2岁左右起便可以使用。这些带图像的卡片为孩子展示了丰富多彩的世界:乐器、水果、蔬菜、动物、交通工具等。

分类识物卡还可以满足孩子的次序感需求,使他更深入地了解世界及其事物组成的规律。毫无疑问,卡片是一种语言工具,用于讨论、交流和丰富词汇。通过看卡片,孩子能明白"鸟"一词涵盖种类繁多的鸟,它们还有各自美丽的名字。他或许已经知道其中一些,而分类卡会让他知道得更多。

分类识物卡分两种：带名称的卡片和不带名称的卡片。开始时，我们只使用不带名称的卡片，和孩子一起观察和讨论上面的图像。然后，让他把带名称的卡片排列在自己面前，将两种卡片配对。初玩游戏时，准备六对卡片就够了。这个游戏要求孩子具有一定的观察力和判断力。

如果孩子遇到不熟悉的名称，我们可以按照三段式教学法教他。

温馨提示：

根据孩子学习能力的强弱，一次教三到六个新词足矣，之后逐步增加卡片数量和词汇量。学习新词前，要先复习学过的词。

73 听音猜词

从2岁半或3岁开始,孩子们对字词的发音产生兴趣,而且能够辨别它们的差别。这就是所谓的幼儿语音意识,也是他们日后学习书写和阅读的基础。

材料准备:

一个托盘、三种动物模型(比如兔子、羊和牛)。

游戏过程:

(1)把三种动物模型摆在托盘上,告诉孩子每种动物的名称,突出第一个字的发音。

（2）你用手指着兔子，对孩子说："我看到一种动物，它的第一个字的音是'tù'。"用同样的方式，说出另外两种动物的名称。经过反复练习，孩子很快能懂得区分音节，学会自己说出动物的名称。

（3）和孩子继续游戏，按照托盘上动物的摆放顺序，让孩子一个个说出它们的名称。重复练习，直到他能够轻松识别不同音节，清楚地说出每种动物的名称。

（4）打乱托盘上动物的摆放顺序，随意指着一种动物，问孩子"它叫什么"，再指另一种动物。以此类推。

为了提高孩子的游戏兴趣，可以和他互换角色，让他扮演提问者向您提问。

74 静默游戏

这项游戏有助于孩子学习静默,因为无论是休息还是思考时,他都应该保持安静,但是他自己往往做不到,需要我们引导。

材料准备:

两个坐垫或两把小椅子。

游戏过程:

(1)和孩子坐在坐垫上或者椅子上。游戏前告诉他,要保持安静,不能动,不能说话,也不能弄出任何声响。做到这些真的不容易。

(2)游戏开始,和孩子相对而坐,一起闭

上眼睛，静默三十秒。

（3）当孩子安静下来时，让他仔细倾听周围的声音，然后向他描述，比如远处轰鸣的汽车声、清脆的鸟叫声、叮当的铃声、咚咚的脚步声……分享别样的感受，借此帮助他学会专注、专心。

温馨提示：

　　安静是一种状态，这时我们可以听到平时被忽略的声音，从而有机会重新理解这些声音。同时，安静又是一种能力，是一种更好的理解力，它让我们更深入地了解与环境的关系。所以，要让孩子学会安静，激发自身的潜能。

75 沙盘练"字"

3岁半的孩子还没有开始学习写字,就对奇形怪状的字和书写动作感兴趣了。我们应该抓住这个有利时机,鼓励他涂涂画画,尽早培养他"写"的意识和能力。

材料准备:

一个托盘、一些细沙、一支彩笔。

游戏过程:

(1)准备一些细沙,倒入托盘。告诉孩子如何在沙子上滑动手指"写字",让他从一开始就掌握动作要领。

（2）让他随意画圆圈或者曲线，有模有样地模仿大人"写字"。

（3）现在给孩子做"写字"示范，手把手地教他写"一""二""三""口"等字，让他逐一模仿。然后把写好的字抹掉，鼓励他自己独立写一遍。

（4）在孩子有了在沙盘上写字的经验后，可以尝试让他用手指或者手拿彩笔沿着您在纸上画出的某件物品的轮廓描摹。

孩子用手指涂写有助于锻炼手部肌肉，而且在沙盘上"写字"，可以随意抹平重来，这对他来说，会是一件乐意去完成的事。

温馨提示：

和孩子一起看书时，要有意识地教他辨认几个简单的字，这样便于他日后模仿。

干扰他人的工作总会成为阻止其自由表达的障碍。

——[意]玛丽亚·蒙台梭利
《蒙台梭利科学教学法》第一卷

创意活动

蒙式教育学基于对儿童的尊重，特别重视他们的创造力。为了得到这种能力，我们应该给他们打好基础，让他们掌握工具，熟悉技术，学习艺术。

儿童的创造力来自想象力，且是与生俱来的，关键是如何利用好他们的自然成长过程，有效挖掘潜能。童年是发展人的创造力的黄金期，其间，想象力比单纯的知识更为重要，对人生具有深远影响。

为此，我们要尊重孩子的人格、天性以及心理需求，营造一个良好的家庭氛围；策划安排一些适合孩子特点的游戏活动，找到他的兴趣点，激发他的好奇心；还要做孩子的玩伴，多引导、鼓励，即便他的行为可能有些"出格"，或者不符合我们的想法。

76 尊重孩子的创造力

要想让孩子展现自己的创造力,我们就不能主导他的创意活动,而应给予他充分的自由,让他跟着感觉走,无拘无束地表达自我。如非自愿,一个孩子很难专注于某项活动,他需要的恰恰是我们的信任。

为此,要避免对他的"大作"妄加评论,可以请他给我们介绍,尊重他的描述。如果他说画的是一朵花,不管我们是否觉得像,那就是一朵花。

在没有成人指导的情况下,孩子只是为自己创作的艺术家,他不求"美",但求一时快乐,享受创作过程。我们的角色在于以一种体贴和智慧的方式教孩子使用教具,引导他观察和创作,寻找各种可能性,最终丰富他的知识。

创作时,孩子会努力表达自己的创新想法,并且信心满满。他不屑于听大人们的评价,更不愿个人的创造力受到限制。

为孩子安排一项艺术创作活动的方式,与其他活动一样,即准备好教具,确保环保、易用、安全,放在便于他拿取的地方。对有能力且懂得爱惜教具的孩子,应尽可能地放手让他自行操作。即便要帮助他们,也仅限于技术层面,如安装、指导使用和整理教具等。

77 共同创作

孩子画画时,我们不要干预,因为他正遨游在自己的理想国中。当然,要是他愿意,我们不妨试一试,跟他合作画一张画,启发他的思路,并鼓励他参与。

材料准备:

几张纸、两支彩笔。

游戏过程:

(1)和孩子商量是否可以一起合作画一张画,看看谁画得好。然后选定一个主题,比如一枝花。

（2）您先在纸上画一朵花，让孩子补上茎。

（3）为了增加难度，建议画人物，比如您画头，让孩子添上眼睛和鼻子；接着，您画身体，让他加上胳膊和腿；最后，您再画手和脚。

（4）你们互换顺序，让他先画花，您画茎。以此类推。

（5）画完后，你们可以互相评判，修改不足的地方。

不久后，您会惊喜地发现孩子独自在画画，而且非常用心，一枝漂亮的花也跃然纸上。

温馨提示：

有的孩子比较害羞，不愿意在大人面前画画和表达自己的想法。通过共同创作，他会逐渐鼓起勇气参与游戏，人也会变得开朗。

78 色彩搭配

15—16个月大的孩子可以学习画画了。我们可以先从识别颜色教起，这需要持续数周的时间。

材料准备：

三种原色（红、黄、蓝）颜料、几张纸、三支毛笔。

游戏过程：

（1）首先教孩子认识红色，游戏至少持续一周时间。一起在家中寻找各种红色物品，把这一周定为"红色主题周"。孩子可以用毛笔蘸上红色颜料在纸上涂画。

（2）一周后，改换黄色，暂时把红色放在一边。游戏方式不变。

（3）两周后，改换蓝色，暂时把红色和黄色放在一边。游戏方式不变。

（4）当孩子能够识别红、黄、蓝三种颜色后，您将每两种原色混合在一起，然后让他看会产生什么效果。这时，他发现黄色与蓝色混合后居然变成了绿色。对孩子来说，这将会是一个神奇的时刻！

（5）用不了多长时间，孩子学会用原色混合配色，由此认识了各种次色和它们的构成。

（6）此后，孩子可以同时使用三种原色涂涂画画。接着再学习加黑色或加白色，使颜色变深或变浅。

经过学习，孩子对不同颜色有了感性认识，会发现颜色搭配的奥秘。

79 什么是对称

绘画时,我们要告诉孩子什么是对称,但不必过多解释,让他注意观察就够了。

材料准备:

一张纸、一支毛笔、任意颜色的颜料。

游戏过程:

(1)将一张纸对折,压出明显的折线,再把折纸打开,要求孩子只能在折线的一边画画,可以用笔蘸颜料随意画。

(2)孩子画完后,您重新把纸折上,然后用手压一下,再轻轻打开纸,会发现纸的另一边出现和这边一样的画。这就是对称!

(3)为了让孩子更深入地理解对称的含义,可以让他站在一面镜子前,做几个动作。这时,他看到镜子里的"他"也在做同样的动作。

(4)引导孩子到生活中寻找对称的东西,比如人的双手、衬衫的两条袖子、眼镜上的两块镜片、蝴蝶的两对翅膀、剪刀的双刃……这些都让人感觉那么自然、和谐。教孩子观察和欣赏对称美。

温馨提示:

对称是指物体或图形相对的两部分,在大小、形状、距离和排列等方面一一对应的现象。

80 学用剪刀

2岁,甚至再小点的孩子会对剪刀产生兴趣。我们可以分步教他使用剪刀。

材料准备:

一把儿童剪刀、一把成人剪刀、一些纸条、一个托盘、一个碗。

游戏过程:

(1)给孩子示范拿儿童剪刀。把剪刀放在面前,拿起来,将手指伸进剪刀的握柄孔,轻轻握住。让他反复做几遍。

(2)教孩子开合剪刀。手指用力外张,打

开刀刃,然后手指收紧,合上刀刃。让他反复练习几遍,注意找感觉和摸索技巧。

(3)把纸条放在托盘上,开始教孩子剪纸条。一只手拿住一张纸条,另一只手拿剪刀;将剪刀打开,把纸条放在刀刃之间,对准后用力合上,剪断纸条。

(4)在孩子能够轻松剪断纸条后,您可以在纸条上画线,让他沿着线剪。这要求他的动作更精准,把控能力更强。

(5)把剪下来的纸屑放到空碗里,游戏后让孩子倒入垃圾桶。

开始学用剪刀时,孩子会遇到一些困难,但是在大人的鼓励和耐心指导下,他最终会掌握要领。

温馨提示:

建议全程监控孩子的动作,务必保证用剪刀过程中的安全。

81 粘贴画

学会剪纸条后,孩子便可以练习贴纸,进一步提升自己的动作精准度。

材料准备:

一个托盘、一张白纸、几张彩纸、一支胶水棒、一套彩笔、一些剪断的纸条。

游戏过程:

(1)您拿彩笔在彩纸上画一些有趣的小动物、物品或者几何图形等,然后剪成小剪影。

(2)指导孩子在彩纸上画几个简单图案,如方形、三角形,并剪下来。

（3）将要粘贴的图案和纸条放到托盘里备用。

（4）教孩子用胶水棒将胶水涂在图案或者纸条背面，然后贴在白纸上。

（5）让孩子发挥想象力，随意粘贴出属于自己的画。

孩子贴完画，您可以和他讨论，让他描述自己贴的画。最后，你们一起讨论有什么地方可以改进，让粘贴画更好看。

温馨提示：

孩子贴画时，我们只需在他身边陪伴，不要干预。

82 穿绳

穿绳练习是一项增强孩子手指运动功能的游戏，可以为他日后学习手部技能打基础。

材料准备：

一块硬纸板、一根细绳、一支胶水棒、一把锥子。

游戏过程：

（1）用纸板自制一张穿绳卡片。您将纸板裁出一张圆形卡片，沿卡片边缘用锥子钻一圈小孔，然后拿一根细绳，在绳头涂上胶水使它硬化，以方便绳头穿过卡片的小孔。

（2）给孩子示范如何穿绳。拿住绳头慢慢穿过卡片的小孔，把卡片翻过来，从另一面抽出绳头；然后再穿过旁边的孔，再把卡片翻过来，抽出绳头……以此类推。

（3）指导孩子按照示范逐一穿孔。

（4）穿完后，和孩子一起检查，看看穿得是否正确，有没有遗漏的孔。

（5）可将绳子从孔中抽出来，再做一遍穿孔练习。

开始练习时，孩子可能会忘记翻转卡片或者不按顺序穿孔，但不要打断他，以免影响他的游戏兴致。渐渐地，他的动作越来越精准，观察得越来越仔细，走绳穿孔也越来越有规律。

温馨提示：

我们在给孩子做示范动作时要慢，步骤要清晰，便于孩子记忆。

83 玩泥巴

泥巴是孩子展现创造力的绝佳材料。和画画一样,我们不必指导他,只需给他准备合适的工具和材料,并教他如何使用,然后让他随心所欲地玩。

材料准备:

一些泥土、一个大碗、一壶水、几根小圆棍、一块小木片。

游戏过程:

(1)把泥土装到大碗里,倒入适量水,用手搅拌,使土变成适合揉捏的泥巴。让孩子在一旁观察泥巴的成形过程。

（2）让孩子从碗里拿出泥巴，轻轻揉捏成团，感受泥巴的平滑、柔软和细腻。

（3）现在他可以随意玩泥巴了：在上面钻孔按压，用手压扁，或者用小木片切割成各种形状。

（4）慢慢地，他会按照自己的想法捏出一些像模像样的"作品"，比如一个圆球、一张大饼、一根粗面条等。

（5）给孩子找几个动物模型，让他用泥巴试着照样捏，这样目标更明确。

（6）您亲自捏几个小物品，和孩子平等交流创作经验，以此增进亲子关系。

孩子很享受玩泥巴的乐趣，也会为您对他的信任感到高兴。

温馨提示：

多让孩子观察生活，激发他的创作灵感。

抽象概念，如空间和时间，是通过物体运动得到的。因此，运动是思想与世界之间的纽带。

——[意]玛丽亚·蒙台梭利
《童年的秘密》

动作协调

孩子喜欢模仿周围大人的所有行为举止。这种模仿不是被动重复，而是他希望像大人那样做。而我们要明白，他首先要了解动作，然后才能模仿。在我们给的动作要领明确后，孩子将持续努力重复动作直到成功，并从中感受到极大的乐趣，因为他身体的动作能够与内心想法相契合。从这个时刻起，新学的动作成为他的个人能力，并会在今后的实践中反复被应用，从而得到完善。

孩子似乎很有悟性，明白个人成长只有获得人的特征后方能实现。这时，我们看到生命力在起作用，它推动孩子朝着自我实现的目标前进。

尽管几乎所有孩子早晚都能学会协调动作，但还是要说明，任何妨碍他们自由活动的做法都会让他们产生严重的心理问题，影响其人格健康发展。

84 提重物

学会走路后,孩子便进入一个被玛丽亚·蒙台梭利称之为"最大化努力"的时期。这时,孩子热衷于调动全身力量,提起或抬动重物,试图探测自己的能力极限。

材料准备:

几个空塑料瓶子、一些沙子、一只篮子、一根绳子、一个滑轮、一个手环。

游戏过程:

(1)将一个瓶子装满沙子,让孩子双手拿着,从一个地方走到另一个地方,再走回来。

如此反复练习几次。

（2）要是孩子觉得很轻松，可以把两到三个装满沙子的瓶子装到篮子里，然后让他用双手使劲提一提，感受篮子的重量。接着再鼓励他提着篮子试着走几步。

（3）让孩子把自己看的书摞起来，从自己的房间搬到客厅里。

（4）还可以在门框或者房梁上安装一个滑轮，将绳子一头穿过滑轮，连接篮子，另一头拴一个小手环。引导孩子拉动手环，篮子就被提起来了。

孩子通过提起和抬动重物，不仅可以获得空间和时间等抽象概念，而且还锻炼了肌肉，为他今后参与更多活动和走得更远创造条件。

85 搬家具

我们要教孩子无论搬什么东西都要用巧劲，不能用蛮力，否则容易造成身体损坏或者其他不好的结果。

材料准备：

一把儿童椅。

游戏过程：

（1）没有大人指导，孩子通常不会搬（抬）椅子，只会推或者拉，这样椅子不仅会产生噪声，还会磨损地板。

（2）面对这种情况，要告诉孩子，只有抬

起椅子才不会产生噪声，也不会磨损地板。给他做示范：一只手放在椅背上，另一只手放在座板下，然后使劲向上抬，椅子就离开了地面，稍停几秒钟再将椅子轻轻放下。

（3）您要当着孩子的面，把椅子抬起来，搬到另一个房间，再轻轻放下。

（4）鼓励孩子按照动作要领试着把椅子抬起来，然后放下，尽量不发出声响。让他反复练习几遍。

（5）等他能轻松抬起椅子后，再让他把椅子搬到另一个房间，然后又搬回来。

这个游戏有助于提高孩子的动作协调性和自控力。

86 端托盘

不少游戏活动都需要托盘,因此学习端托盘是孩子自主活动的重要一课。

材料准备:

一个托盘、一个不锈钢或塑料空碗、几个水果。

游戏过程:

(1)给孩子示范如何端托盘。把托盘放在桌子上,双手抓住托盘两端,轻轻端起来,保持平衡,然后再放到桌上。让孩子照样子做几遍。

（2）您端着托盘在房间中走一圈，再把托盘放回原处。让孩子照样子做几遍。

（3）您把空碗放在托盘上，做搬运东西的练习。端托盘时，教孩子控制好平衡，否则盘面倾斜，上面的东西会滑动或者掉下来。

（4）过了上一关，让孩子试着在碗中放水果，继续练习。

鼓励孩子每天早上用托盘把自己的早餐从厨房端到餐厅的桌子上吃，也可以用托盘装运玩具去家里的任何地方。

温馨提示：

我们的示范动作要缓慢、准确。

87 攀爬

孩子需要通过攀爬、不停走动等活动，强化空间感，了解自己的身体极限，进而增加全身肌肉力量和锻炼平衡能力。

材料准备：

根据游戏内容酌情准备。

游戏过程：

场景一 带孩子爬楼梯。楼梯无处不在，无论是小区楼道里，还是公园的台阶，都可以拉着孩子的手一个个台阶往上爬，或者让他自己扶着栏杆练习。这是学习攀爬的第一步。

场景二 利用家中现成的设备，教孩子攀爬。比如让他从地面爬上沙发，再从沙发座爬到靠背上，反复练习。

场景三 带孩子去儿童乐园，那里有不少供孩子攀爬的设施，比如滑梯、攀登架、绳梯等。攀爬中，他能学会支撑、拉、攀等动作，手脚并用，身体协调性也能得到明显改善。

孩子在这些活动体验中，心理素质会得到很大的提高，也能培养意志力和坚韧的精神。

温馨提示：

攀爬是一项较有风险的活动，需要我们随时注意孩子的安全，陪在他身边。

88 画纸人

无论年龄多大、能力多强,几乎所有孩子都愿意参与这项游戏。他乐意见到与自己一样高的纸娃娃,并且可以随意摆弄。

材料准备:

几张大纸、一支彩笔、一把剪刀。

游戏过程:

(1)让孩子躺在一张大纸上,然后您用笔勾勒出他身体的轮廓。

(2)您和孩子一起在轮廓图上画眼睛、嘴巴、头发、衣服等,再修饰、涂色。一个形象

生动又有趣的纸人就这样诞生了!

（3）您躺在纸上，让孩子勾勒出您的身体轮廓，然后加上眼睛、嘴巴、头发、衣服等。

（4）把两张纸人图挂到墙上，对比它们的形象。让孩子说出身体各部位的名称和功能。

孩子喜欢所有与身体有关的游戏，愿意全面、深入地认识自己的身体。

温馨提示：

孩子在成长发育过程中，身体轮廓会不断变化。可以每年给他勾勒一张身体轮廓图，看看他长了多少，是胖了还是瘦了。

89 找位置

我们生活在一个充满空间感的世界。要让孩子融入生活,就必须引导他认识所处的空间,学会识别方位,熟记相关词汇。

材料准备

一个娃娃或者毛绒玩具。

游戏过程:

(1)花点时间教孩子或者帮他复习有关方位的词汇,如上面、下面、前面、后面、旁边等,让他熟记于心。

(2)要求孩子拿着娃娃找"位置",比如

让他把娃娃放到桌子"上面",再把它放在桌子"下面"。接着,放在大门"前面",再放在沙发"旁边"。

(3)当孩子对位置有了清楚的认识后,可以以他为中心来提问题。比如您问他:"你在哪儿呀?"他回答:"我在房间里。"您再问:"你旁边有什么东西呀?"他回答:"有一张大沙发。"然后,你们互换角色,让孩子提问。

(4)带孩子到户外更大的空间,指认各种物体的位置,如树、汽车、建筑物、鸟等。

孩子特别喜欢玩识别方位的游戏,不仅能知道自己的位置,还能知道其他物体的位置,从而加深对空间的感性认识。

90 认识自己的身体

孩子来到这个世界，首先感兴趣的就是自己的身体。如何引导他认识自我，发现各器官的奥秘，提高自我保护意识呢？

材料准备：

一面全身镜、两把椅子。

游戏过程：

（1）把全身镜放在孩子前面，这样他可以看到身体各部位。镜子前留出一定空间，使他能够从远处看到自己走动的样子。

（2）和孩子一起坐在镜子前，以提问的方

式帮助他认识身体，比如："告诉我，你的鼻子在哪儿？""告诉我，你的脸在哪儿？"

（3）鼓励他做更细致的观察，识别眉毛、鼻孔、嘴唇等身体部位。

（4）你们互换角色，让孩子指着您的身体提问，加深他对身体各部位的认识。

（5）让孩子对着镜子活动肢体，比如："动动你的小胳膊""晃晃你的小脑袋"……

（6）让他在镜子前面来回走几步，再做几个表情。

虽然孩子已经熟知有关身体的词汇，但对游戏的兴致依然不减。

91 学跳舞

跳舞要求舞者调动全身肌肉,使身体各部位密切配合。正因为如此,我们可以通过音乐和舞蹈,训练孩子的动作协调性,增强节奏感。

材料准备:

一面全身镜。

游戏过程:

(1)给孩子做示范,先做几个简单的舞蹈动作,比如扭扭身体,抬起胳膊或者晃动腿等,动作要舒缓、有节奏感。让孩子仔细观察,然后对着镜子模仿。

（2）播放一段节奏感稍强的音乐，您随兴起舞，然后拉着孩子的手一起晃动身体，他会非常兴奋地跟着跳动。

（3）这时要指导孩子跟着音乐节奏扭动身体，学会控制肢体动作。

（4）播放不同节奏的音乐，让孩子体验节奏的变化，区分动作的轻重缓急。

孩子模仿力很强，很快便能掌握这些动作技巧。

温馨提示：

我们还可以利用舞蹈来平复孩子的情绪，或者营造欢快、积极的气氛，帮助他释放过剩的精力。

给孩子们自由：外面下雨时，允许他们在雨中随意跑动；遇到水洼时，允许他们脱掉鞋袜；在湿漉漉的草坪上时，允许他们赤脚走动；树荫唤起睡意时，允许他们躺在树下睡觉。

——[意]玛丽亚·蒙台梭利
《蒙台梭利科学教学法》第一卷

拥抱大自然

孩子出生后的最初两年被称为"动觉智能期",他通过感官和动作了解自己和周围的世界。大自然是最好的老师,在自然环境中,孩子能够充分发挥视觉、听觉、嗅觉、触觉等感官的作用,获得丰富的感官体验。

由感官(身体)输入的信息经过大脑加工成为知识,进而左右孩子的行为,这是一个心理过程,让他在身心两方面得到愉悦。因此,经常贴近自然的孩子,在面临生活压力时,心理负担会更轻,心胸也更开阔。

当然,大自然带给孩子的不只是快乐,还有新鲜的空气、充沛的体能和广博的知识,以及面对困难的勇气。自然教育关乎孩子的心理、身体、知识、品德等诸多方面。

所以我们要把认识大自然、热爱大自然和保护大自然作为孩子的必修课!

92 热爱自然

大自然在孩子的眼中神奇美妙,充满了学习和体验的乐趣。他会迫不及待地催促我们带他到户外经风雨,见世面。为了获得最佳效果,我们应该精心准备,认真策划,同时也要听听孩子的意见。

首先,给孩子准备一些园艺工具,如小水壶、小铲子、小篮子、小盆、小推车等,将它们有序放在家里孩子方便拿取的地方。从一开始就培养他爱护工具、规矩做事的习惯。

其次,要根据季节变化和孩子的需要制订户外活动计划,力求每次出行必有收获。如春

天播种、赏花，夏天观察昆虫、玩水，秋天收获果实、捡拾树叶，冬天给鸟儿准备食物、堆雪人。只有在广阔的天地里，孩子才能真正认识到自己的位置，懂得尊重自然，保护自然。

最后，要有意识地引导孩子欣赏大自然，学会从如诗如画的美景中汲取艺术灵感，从细微之处发现奥秘。让他们遥看飘浮的朵朵彩云，观赏秀美的日出日落，享受轻柔的晚风拂面，倾听鸟儿的欢快歌声，仰望夜空的闪烁星斗，逗弄草丛里的各色昆虫，种植鲜嫩的花草植物……大自然给予我们无限的乐趣。

93 播种

鼓励孩子自己动手播种,观察种子发芽、开花、结果的过程,从中学习自然知识,发现大自然的运行规律。

材料准备:

一个小水壶、一把小铲子、一些向日葵种子、适量肥料。

游戏过程:

(1)选种育种。建议孩子选用向日葵种子,因为它长得快,花开得大。让孩子用湿布将种子包起来,催芽两天。

（2）施肥播种。在花园地里或者阳台花盆中挖几个小洞，略施基肥，把种子尖头朝下放入洞中。

（3）盖土浇水。把土盖在种子上，稍微压实，然后浇湿土壤。

（4）日常管理。提醒孩子要及时清除杂草，还要定期浇水，这样嫩芽很快便会从土里钻出来。

（5）出苗开花。向日葵种子很容易发芽，一周后便破土而出。让孩子注意小苗的生长，耐心等待三到四个月花就开了。

（6）收获果实。秋天，你们满怀希望地将一个个大圆盘摘下来，或许里面装满了果实。

温馨提示：

可根据个人喜好，并结合环境特点，选用其他合适的种了。

94 阳台一隅

如果条件允许,我们可以在花园、阳台或者露台开辟出一角供孩子做园艺。

材料准备:

一套儿童园艺用具、一些花草蔬菜种子、一些花园装饰物。

游戏过程:

(1)春天,您和孩子一起把种子种到地里,然后培土浇水。

(2)让孩子发挥想象力,用扁石、鹅卵石、木条等装饰自己的小花园。

（3）督促孩子经常给植物浇水、除草，进行观察，培养他做事专注、认真的习惯。

（4）引导孩子描述他观察到的植物的生长奥秘，以及他为养护植物和装饰"小花园"所做的事，学会表达自己的想法，与大人交流。

（5）还可以和孩子一起种些草莓或者小西红柿，使他有机会品尝自己的劳动果实，让他更加热爱劳动。

（6）每次用完工具，要让孩子摆放整齐，以备下次使用。

这样，孩子不仅可以学会打理花草，还将善于美化小花园，创造小景观。每次园艺活动对他来说都是学习和提高的机会。

温馨提示：

要经常表扬孩子，鼓励他多体验生活，多学习知识。

95 会变"脸"的天

为了鼓励孩子观察周围的事物,感受自然变化,我们可以在早上起来时,和他一起看看天气。今天是晴天还是阴天?是雨天、起雾天还是雪天?

材料准备:

一部相机或者一部有相机功能的手机。

游戏过程:

(1)和孩子一起将不同天气的景象拍照后制成图片,或者从网上寻找相关图片。

(2)让孩子每天观察天空的颜色变化,选

择相应的天气图片并贴到房间的墙上、冰箱上或者门上。

（3）和孩子谈论天气，商量外出时穿什么衣服。看到下雨，他会想到穿雨鞋和雨衣；看到刮风，他会想到穿一件挡风的外套……

（4）无论是下雨、刮风，还是下雪、起雾，都要带孩子出去感受气候的变化，磨炼不怕难、不怕苦的意志。

（5）给孩子讲有关气候变化的知识，比如雨是怎么形成的，风为什么有方向……

（6）经常以提问的方式，引导孩子描述他所看到的天气变化情况，讲述他所掌握的相关知识，加深记忆。

96 小小观察台

我们可以和孩子一起散步,引导他仔细观察周围环境,他一定会对此充满好奇和兴趣。

材料准备:

一些从户外捡拾的小东西(如树叶、树皮、羽毛、石子、栗子、花瓣等)、几只小昆虫、几种球茎植物。

游戏过程:

(1)回家后,给孩子找一处合适的地方做观察台,比如窗台、托架或者格板,把捡来的宝贝放到上面观察。

（2）再配一个玻璃箱，养几只蜗牛或者小昆虫，或者将几种球茎植物放入水中……尽量准备孩子能够照料的动植物。

（3）让孩子按照自己的喜好布置观察台，比如设计若干小景观，摆放几个动物模型等。随着季节的变化，小小观察台上面的东西也在变化。

（4）孩子大些后，可以使用放大镜观察叶子的纹路或者树皮的结构。

（5）观察台会成为孩子的小小博物馆，为他提供绘画的素材。

温馨提示：

要求孩子经常整理他的观察台，保持清洁卫生。

97 外出学步

玛丽亚·蒙台梭利认为：只要孩子会走路，我们就不应总抱着他，否则他便无法展现自己的能力。相反，应该拉着他的小手，带他出去见见世面。

重要的是，我们要尊重孩子走路的需求，给他一个再简单不过的礼物——花点时间陪伴他蹒跚学步，让他没有压力、没有目的，全凭个人意愿自由行走。这既锻炼了他的肌肉，又让他有机会观察周围的事物。

对孩子来说，哪怕走出家门取个快递也是一次重大的外出活动。他喜欢走走停停，东看

西瞧。要是我们允许他摸摸、闻闻、看看所有感兴趣的东西,他会喜出望外。尽管我们不可能一直按照孩子的节奏走路,但可以努力找些机会,比如挤出十分钟时间,和他一起从外面溜达回家。

带孩子散步时,我们尽量放慢脚步,因为他的动作节奏和我们的不一样。除了日常外出买东西,散步无论是对我们还是对孩子,都是难得的惬意时光。

98 户外劳动

在孩子们看来,户外劳动和玩耍具有异曲同工之妙,都是游戏,所以他们很愿意参与户外劳动。

材料准备:

根据具体场景酌情准备。

游戏过程:

场景一 把超市买的东西搬回家

带孩子去超市买东西时,给他准备一个小篮子,让他将自己喜欢的零食或者饮料装到里面。开车到家后,要求孩子用篮子把买的东西

逐一从车后备厢搬运进屋，放到合适的地方。如果东西太多，可以化整为零、化大为小。当然，沉重和整件的大家伙还是要由大人搬运。

场景二　洗车

孩子不会错过任何玩水的机会。看到大人在洗车，他会急不可耐地要出手帮忙。这时，给他一小桶水和一块抹布，清洗自己的小玩具车，或者指导他擦车门和车轱辘。注意，切勿让他用水枪，因为他还小，无法拿住水枪。

场景三　打理花园或阳台

大人们经常打理花园，少不了请孩子帮忙。之前，他已经做过一些园艺活动，有一定经验，俨然是个称职的小园丁了，浇水、扫树叶、除杂草和培土都不在话下。

99 地为纸，水当墨

在户外随意涂画是一项有益的活动，它使孩子身处广阔天地，摆脱纸张的束缚，获得无限的自由感，从而激发他的创作灵感。

材料准备：

一支粗毛笔、一罐水、一个小凳子。

游戏过程：

（1）带孩子到一处空旷的地方或者小区楼下，让他坐在小凳子上，挥笔在地上涂画。

（2）指导孩子画一些几何图形和简单的动植物图形，掌握涂画的基本技巧，尤其体验笔

在地面滑动的感受,和在纸上是不一样的。

(3)让孩子观察地表的材质和纹理,还有画笔留下的痕迹。

(4)天热时,孩子会发现笔痕很快就消失。这是非常有趣的视觉感受,也是物理现象。可借机给他讲解水遇热蒸发的原理。

这项活动为孩子在户内和户外建立了一个自由通道,把原本封闭在家中涂画的方式搬到了开放的自然环境中。

温馨提示:

天气炎热或者寒冷时,不宜在户外涂画。

100 我们的动物朋友

在散步时,我们会时不时被小动物们"打扰":枝头上欢叫的麻雀,花丛中翩翩起舞的蝴蝶,绿叶间编织罗网的蜘蛛,还有忙碌觅食的蚂蚁,等等。

动物是我们的好朋友,它们和我们一同生活在地球上,给我们带来无限的快乐。这时,告诉孩子站着别动,保持安静,仔细观察它们的一举一动,找出各自的特点。

然后,我们用生动、准确的语言给孩子描述这些小生灵。受到我们的感染,他会对动物越来越感兴趣,好奇心不断增强,提出一堆稀奇古怪的问题。这时，我们需要借助一本动物科普书来回答他的问题。

有条件的话，和孩子一起养一只小宠物，小猫或者小狗都可以。慢慢地，他能学会观察动物的需求，照料它，尊重它，与它交朋友，共同分享亲密时刻，互相慰藉。

爱的教育要从幼儿抓起。通过养护小动物，他们会慢慢懂得什么是爱。从爱小动物到爱大自然，再到爱自己和爱他人，孩子的优秀品德就是这样养成的。

作者简介

伊芙·赫尔曼是法国知名博主、作家和摄影家，毕业于瑞士日内瓦高等工艺美术学院。作为法国"今日蒙台梭利教育协会"的主席，她致力于推广蒙氏教学法，创建了"婴儿之家"，探索儿童启蒙教育的新途径。

2012年以来，伊芙·赫尔曼与法国出版社合作，陆续出版了大量有关蒙氏教学法的图书以及儿童画册，同时推出了一批相关教具。她的作品被改编成剧作，以"丽芙"和"艾米"两个小童星的形象展现在银屏。

伊芙·赫尔曼有两个女儿，现生活在法国里昂。

结束语

如果我们的教育过程需要花费一生的时间,那么教育对人来说,越年幼则越重要,是为启蒙教育。

本书介绍的各类游戏活动旨在让父母从日常生活场景入手,一步一步地引导孩子在感知、记忆、动作、想象、兴趣、探索等方面充分体验,挖掘潜在能力和掌握相应技能。需要特别说明的是,开发幼儿智力应大大优先于传授知识,因为智力是人的禀赋,而知识是可以后天获得的。

人生的最初几年是人格发育的关键时期。这期间,孩子主要接受父母的教育,家庭教育成为保障他顺利成长的首要因素。因此,所有父母都应当明白,他们手中握有能够使孩子快乐、全面和健康发展的钥匙。

图书在版编目（CIP）数据

100个早教游戏/(法)伊芙·赫尔曼著;朱朝旭译. -- 南昌:二十一世纪出版社集团, 2023.1
(在游戏中成长)
ISBN 978-7-5568-7496-5

Ⅰ.①1… Ⅱ.①伊… ②朱… Ⅲ.①早期教育—家庭教育 Ⅳ.① G781

中国国家版本馆 CIP 数据核字（2023）第 107345 号

Copyright 2016. by Éditions Nathan – Paris, France.
Édition originale : 100 ACTIVITES D'EVEIL MONTESSORI.
本书中文版权通过成都中仁天地文化传播有限公司帮助获得。

版权合同登记号 14-2023-0051

ZAI YOUXI ZHONG CHENGZHANG 100 GE ZAOJIAO YOUXI
在游戏中成长 100个早教游戏 [法]伊芙·赫尔曼/著 朱朝旭/译

出 版 人	刘凯军
策　　划	郑迪蔚　黄　震
责任编辑	张希玲　黄　瑾
美术编辑	敖　翔
责任印制	谢江慧
营销编辑	崔　亮
出版发行	二十一世纪出版社集团
网　　址	www.21cccc.com
印　　刷	深圳市星嘉艺纸艺有限公司
版　　次	2023 年 1 月第 1 版
印　　次	2023 年 1 月第 1 次印刷
开　　本	889 mm × 1194 mm 1/32
印　　张	7.25
字　　数	94 千字
印　　数	1~3000 册
书　　号	ISBN 978-7-5568-7496-5
定　　价	58.00 元

赣版权登字-04-2023-416　购买本社图书，如有问题请联系我们；扫描封底二维码进入官方服务号。
服务电话：0791-86512056（工作时间可拨打）；服务邮箱：21sjcbs@21cccc.com。
本社地址：江西省南昌市子安路75号。

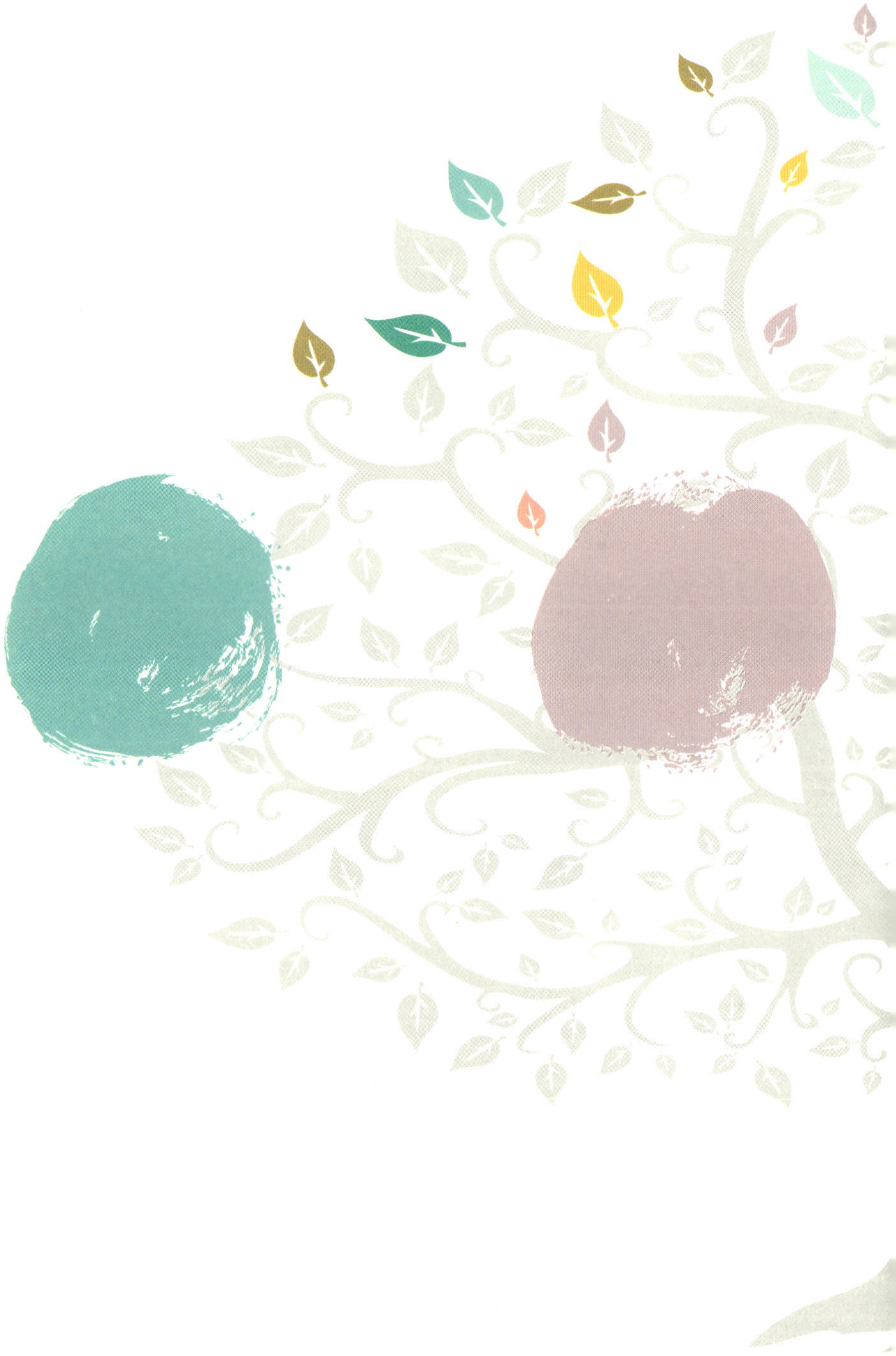